Ich trainiere Fußball

Dieses Buch gehört: _____

Verein: _____

Trainer: _____

Meine Mannschaft:

Ich trainiere Fußball

Barth/Zempel

Sportwissenschaftliche Beratung:
Prof. Dr. paed. habil. Berndt Barth

Meyer & Meyer Verlag

Die Autoren bedanken sich bei Erich Rutemöller,
dem DFB-Trainer und DFB-Chefausbilder, für die Unterstützung.

Ich trainiere Fußball

Bibliografische Information Der Deutschen Bibliothek
Die Deutsche Bibliothek verzeichnet diese Publikation in der Deutschen
Nationalbibliografie; detaillierte bibliografische Daten sind im Internet über
http://dnb.ddb.de abrufbar.

© 2003 by Meyer & Meyer Verlag, Aachen
Adelaide, Auckland, Budapest, Graz, Johannesburg, Miami,
Olten (CH), Oxford, Singapore, Toronto
Member of the World
Sportpublishers' Association (WSPA)
Druck: FINIDR, s. r. o., Český Těšín
ISBN 3-89124-968-3
E-Mail: verlag@m-m-sports.com

·····························DER INHALT

Anmerkung:
Die Übungen und praktischen Hinweise in diesem Buch sind von den Autoren sorgfältig ausgesucht und überprüft worden. Für Unfälle oder Schäden jeglicher Art, die im Zusammenhang mit dem Inhalt des Werkes stehen, können die Autoren jedoch keinerlei Haftung übernehmen.

> Hallo, ich bin es, Willi, die Fußballzaubermaus! Vielleicht kennst du mich sogar noch aus dem Buch „Ich lerne Fußball".
>
> Jetzt möchtst du ernsthaft Fußball trainieren? Okay, ich bin dabei!

Willi-Zeichen, die du im Buch finden wirst:

Wenn dieses Zeichen auftaucht, hat Willi einen guten Tipp für dich. Er gibt dir gute Ratschläge und macht dich auf Fehler aufmerksam.

An dieser Stelle stehen Rätsel oder Fragen. Die Lösungen und Antworten findest du am Ende des Buches.

Bei diesem Zeichen findest du Übungen, die sich auch gut zu Hause ausführen lassen.

Hier gibt es etwas zum Ausfüllen, Eintragen und Ergänzen.

......................1 LIEBER FUßBALLER

Viele Jungen und Mädchen sind schon als kleine Kinder fußballverrückt. Kaum sehen sie einen Ball, wird dieser umkämpft und ins Tor oder was immer als Tor dient, geschossen. So hast du bestimmt auch angefangen und vielleicht sogar mit unserem Buch „Ich lerne Fußball" geübt.

Fußball lernen kann man anfangs alleine. Das geht zu Hause im Garten, auf dem Schulhof, auf einem Bolzplatz, an Garagen oder wo auch immer. Ein geeignetes Stück Wiese oder eine Spielfläche findet sich meistens. So richtiger *Straßenfußball*, wie früher, ist aber heute leider nicht mehr möglich. Auf den Straßen ist es zu gefährlich, die Anwohner haben Angst um ihre Blumenbeete und Hauswände und Mamas fürchten auf Spielplätzen um ihre Babys.

Spätestens, wenn du dich entschieden hast, noch mehr zu lernen, Fußball zu trainieren und vielleicht auch ein erfolgreicher Fußballer zu werden, ist es so weit, in einen Fußballverein einzutreten. Dort trainierst du unter Anleitung von Trainern und Betreuern, die möglichst gut ausgebildet sind, wissen, wie man Kindern und Jugendlichen den Umgang mit dem Fußball beibringt und vielleicht selbst gute Spieler waren. Mit Freunden und Mitspielern kannst du im Verein besser spielen, üben und dir eine Menge abschauen. Du musst es selbst herausfinden, ob du dich in der Mannschaft wohl fühlst. Gehe probeweise vier Wochen zum Training und danach entscheide dich mit deinen Eltern und dem Trainer, ob du dauerhaft bleiben willst.

Dann aber mit Haut und Haar, mit Lust und Leidenschaft!

Vorab eine kleine Geschichte:

Ein kräftiger Junge machte eine Tour in den Bergen und wollte einen hohen Gipfel besteigen. Frohgemut packte er sich Essen und Trinken ein und marschierte voll Elan los. Da er den Weg nicht kannte, kam er nur mühsam voran. Er kletterte nach oben und wenn er merkte, dass er nicht weiterkam, musste er umkehren und von neuem beginnen. Diese Extrawege kosteten viel Kraft. Wenn er Glück hatte, fand er einen Pfad, der ihn ein Stück weiter nach oben brachte. Nach vielen solchen Versuchen kam er endlich am Gipfel an und musste feststellen, dass andere schon oben waren. Sie erzählten ihm, dass es einen guten Wanderweg gibt. Den hätte er benutzen können, ohne erst Umwege gehen zu müssen.

Warum hat er nur keine Wanderkarte benutzt und auch niemanden gefragt, der den Weg schon einmal gegangen war?

So ähnlich, wie in unserer Geschichte vom „Gipfelstürmer", verhält es sich auch mit dem Fußballtraining. Viele Fußballer vor dir haben trainiert und sind teilweise sehr erfolgreich geworden. Du musst also das Fußballspielen und das Fußballtraining nicht neu erfinden, sondern kannst aus den Erfahrungen der Fußballer vor dir lernen. Du hast es somit viel einfacher.

Mit dem Buch „Ich trainiere Fußball" besitzt du sozusagen eine „Wanderkarte" und eine kleine Anleitung, wie du den „Fußballergipfel" erklimmen kannst, ohne viele Umwege zu gehen. Und du hast natürlich auch deinen Fußballtrainer, der dir den richtigen Weg zeigen kann.

Es kommt auch vor, dass zum Trainieren die Auffassungen von erfahrenen Fußballern, Trainern und Bücherschreibern etwas unterschiedlich sind. Das ist normal. Frage nach, wenn dir etwas unklar ist und lass dir unterschiedliche Meinungen begründen.

Doch bevor du dich jetzt mit dem Buch unterm Kopfkissen ins Bett legst und denkst, so kannst du morgen gewinnen, möchten wir dir auf dem Weg zum Gipfel noch sagen:

Wir wollen dich beraten und dir erklären, wie du richtig trainieren kannst. Trainieren aber musst du allein. Ob du auf dem Gipfel ankommst oder nicht, liegt hauptsächlich an dir selbst.

Was im Buch zum Training erklärt wird, gilt für Mädchen genauso wie für Jungen. Um es aber zu vereinfachen, sprechen wir hier allgemein von Fußballern und Spielern. So ist mit Trainer natürlich auch die Trainerin gemeint.

Wir wünschen dir jede Menge Spaß mit diesem Buch. Hier wirst du bestimmt viel Interessantes finden, das dich hoffentlich recht schnell und sicher auf dem Weg zum „Gipfel" begleitet. Dafür viel Erfolg.

Die Autoren und Willi

Hier sollten eigentlich fünf der erfolgreichsten europäischen Fußballklubs stehen. Aber die Buchstaben sind durcheinander gekommen!

Kannst du sie trotzdem herausfinden? Aus welchen Ländern kommen die Klubs?

A L E R   R A D D I M

....

C A   A N D I L A M

....

X A J A   S A R T A M M E D

....

E R M E S C H T A N   T I N E U D

....

C F   N A R E B Y   H E M C Ü N N

....

2 ZUR ENTWICKLUNG DES FUßBALLSPIELS

Was ist die Spielidee beim Fußball?

Zwei Mannschaften spielen gegeneinander mit dem Ziel, die andere Mannschaft zu besiegen. Dabei muss der Ball mit dem Fuß oder per Kopf ins gegnerische Tor geschossen werden. Das Team mit den meisten Toren ist der Sieger.

Wer spielte zuerst Fußball?

Das waren vermutlich die Chinesen im alten China, weit vor unserer Zeitrechnung. Auch die Azteken in Mittelamerika haben dem Fußball ähnliche Spiele veranstaltet. Aus Europa sind von den alten Griechen und Römern Fußballübungen bekannt.

Warum nennt man England das Mutterland des Fußballs?

Die eigentlichen Erfinder des heutigen Fußballspiels sind die Engländer. Im mittelalterlichen London, Anfang des 14. Jahrhunderts, kämpften zwei Teams mit Händen und Füßen um den Ball. Es ist sogar überliefert, dass Zuschauer mitspielten, oder sagen wir besser, mitrauften! Die Raufereien gingen auch im Wasser weiter, wenn der Ball dort hineingeflogen war.

Aus diesem Grunde wurde Fußball (engl.: football) durch den Bürgermeister oder den Staat immer wieder verboten. Im 19. Jahrhundert schuf man in englischen Schulen Regeln, um die Härte der mitunter sehr unfairen Spiele zu unterbinden. 1848 beschloss man in der Universitätsstadt Cambridge, dass die Spieler den Ball, im Gegensatz zur in England ebenfalls beliebten Sportart Rugby, nur noch mit dem Fuß spielen durften.

Damit waren die Grundlagen für das heutige, faire Spiel geschaffen.

Aus den letzten 150 Jahren der Fußballentwicklung

1857 In Sheffield (England) wird der erste Fußballklub der Geschichte gegründet, der *Sheffield F.C.*

1863 Gründung des ersten nationalen Fußballverbandes in England. Erstes „reguläres" Fußballspiel der Geschichte in England: Harrow-School : Cambridge (3:1).

1872 Erstes Länderspiel in der Geschichte des Fußballs Schottland gegen England 0:0.

1873 In Deutschland wird der sportliche englische Fußball übernommen und in Braunschweig der erste deutsche Fußballverein gegründet.

1874 In England wird der Schiedsrichter eingeführt (dabei wird 1878 erstmals eine Trillerpfeife benutzt).

1888 Gründung des ältesten, heute noch bestehenden deutschen Vereins (Berliner FC Germania von 1888).

1893 In Leipzig wird der VfB Leipzig gegründet (späterer erster Deutscher Meister 1903).

1900 Gründung des Deutschen Fußball-Bundes (DFB) in Leipzig.

1904 Gründung der FIFA (Internationaler Weltfußballverband), welcher die Weltmeisterschaften ausrichtet.

1930 Erste Fußballweltmeisterschaft in Uruguay.

1947 Erste Fernsehliveübertragung im englischen Fußball.

1954 Gründung der UEFA (Europäischer Fußballverband). Deutschland wird in der Schweiz erstmals Weltmeister.

1963 Bildung der Bundesliga.

1974 10. Fußball-WM in Deutschland mit Titelgewinn für die deutsche Mannschaft.

1990 Die beiden deutschen Fußballverbände (DFB und DFV der DDR) beschließen die deutsche Fußballeinheit unter dem Dach des DFB.

2000 Die FIFA beschließt die Vergabe der Fußball-WM 2006.

2006 Fußball-WM in Deutschland.

200_ ....

20_ _ ....

20_ _ ....

Fußball heute in Deutschland

DFB
– der größte Sportverband der Welt
mit über fünf Millionen Mitgliedern

Nationalmannschaft der Männer
Nationalmannschaft der Frauen
Nachwuchsteams (U 16, U 18, U 19, U 21)

Es gibt fünf **Regionalverbände**, ...

in die alle **Landesverbände**   ....
(vergleichbar mit den einzelnen Bundesländern) einbezogen sind.

Danach folgen **Vereine**   ....
auf Bezirks- und Kreisebene. Hierbei handelt es sich entweder um reine
Fußballvereine oder sie sind gemeinsam mit anderen Sportarten als
Großvereine organisiert.

Schreibe auf die freien Linien deinen Regionalverband, deinen Landesverband bzw. deinen Verein.

Hier unten kannst du die Farben und das Logo deines Vereins einkleben oder zeichnen!

So wird in Deutschland gespielt

1. Bundesliga
2. Bundesliga
Regionalliga
Verbands- oder Oberliga
Landesliga
Bezirksliga
Kreisliga und Stadtliga

Die ersten drei Ligen sind *Profiligen*. Die Profispieler haben Verträge und verdienen ihr Geld hauptsächlich mit dem Fußball. Die anderen Ligen sind *Amateurligen*. Hier wird in der Freizeit gespielt.

Kreuze in der Übersicht an, in welcher Liga du mit deiner Mannschaft spielst. Wo möchtest du einmal spielen? Markiere dein Ziel!

Fußball in Deutschland ist auch eine Geschichte der Erfolge

Deutschland wurde Weltmeister 1954, 1974, 1990.
Deutschland wurde Vizeweltmeister 1966, 1982, 2002.
Deutschland wurde Europameister 1972, 1980, 1996.

Deutsche Frauennationalmannschaft:
Vizeweltmeister 1995.
Europameister 1995, 1997, 2001.

Auch deutsche Vereinsmannschaften waren international sehr erfolgreich. Welche haben dich besonders beeindruckt und was haben sie erreicht?

_____

_____

Fußball international

Was denkst du, welche Mannschaften sind die erfolgreichsten Männernationalmannschaften in der Welt? Schreibe drei auf!

Alle vier Jahre findet unter Leitung der FIFA die **Fußballweltmeisterschaft** statt.

Amtierende Weltmeister

Männer: _____

Frauen: _____

Alle vier Jahre, um zwei Jahre versetzt, findet auch die **Fußballeuropameister-schaft** der Männer und der Frauen statt.

Amtierende Europameister

Männer: _____

Frauen: _____

Jugendnationalmannschaften
spielen in verschiedenen Altersklassen.
(So bedeutet z. B. U 18, dass alle Spieler zu Beginn des Wettbewerbs jünger als 18 Jahre sein müssen.)

Die **Champions League** ist der wichtigste Wettbewerb der europäischen Klubmannschaften.

Der amtierende Champions League-Sieger heißt:

_____

Talententwicklung in Deutschland

Der Deutsche Fußball-Bund unterstützt ein *Talentförderprogramm*. Dabei werden die besten Spieler aus ganz Deutschland neben ihrer Vereinszugehörigkeit 1x pro Woche in *Stützpunkten* trainiert. Über 400 Stützpunkte gibt es in ganz Deutschland. So sollen die Fußballtalente besser gefördert werden und der Nachwuchs größere Entwicklungschancen erhalten.

Eine Fußballkarriere steht also jedem fleißigen Kicker offen. Für eine Teilnahme am DFB-Stützpunkttraining kann sich jeder Junge und jedes Mädchen bewerben und vorspielen. Bestimmt ist ein solcher Stützpunkt auch in deiner Nähe.

Dein Vereinstrainer wird dir sicherlich gern dabei helfen. Du kannst dich auch zusammen mit deinen Eltern an den Fußballverband deines Bundeslandes wenden.

............3 HALLO, MICHAEL BALLACK!

Michael Ballack
geb. 26. September 1976 in Görlitz
189 cm/80 kg
Profifußballer, Vizeweltmeister 2002
Fußballer des Jahres 2002 in Deutschland

Hallo, Michael, du bist ein super Fußballer!
Was ist dein Geheimnis?

Da gibt es kein Geheimnis. Fußball macht mir einfach unheimlich viel Spaß. Schon immer wollte ich ein erfolgreicher Fußballer werden, in einer Spitzenmannschaft spielen und viele Tore schießen. Dafür habe ich sehr fleißig trainiert. Manchmal muss man auch die Zähne zusammenbeißen und wenn es mal nicht so gut läuft, weitermachen und sich nicht gleich entmutigen lassen.

Wie hat es bei dir angefangen mit dem Fußballspielen?

Das war bestimmt wie bei allen Fußballspielern oder Fußballspielerinnen auch. In jeder freien Minute habe ich draußen mit meinen Freunden gespielt. Wir haben uns Tore aufgebaut und schon ging es los. Bald haben mich meine Eltern im Verein angemeldet, damit ich richtig trainieren und in einer Mannschaft spielen konnte.

In welchen Vereinen hast du schon gespielt?

Angefangen habe ich bei der BSG Motor Karl-Marx-Stadt, dann war ich bis 1997 beim Chemnitzer 1. FC, bis 1999 beim 1. FC Kaiserslautern und bis 2002 bei Bayer 04 Leverkusen. Seit 2002 spiele ich beim FC Bayern München. Außerdem gehöre ich zum Team der deutschen National-mannschaft.

Was waren bisher deine größten Erfolge im Fußball und hast du noch weitere Ziele?

Mit dem 1. FC Kaiserslautern wurden wir Deutscher Meister, mit Bay-er Leverkusen standen wir 2002 im Champions League-Endspiel und mit der deutschen Auswahl wurden wir bei der WM 2002 Vizeweltmeister. Natürlich habe ich in Zukunft noch viel vor. Jede Bundesligasaison geht von vorn los und ist immer wieder eine neue Herausforderung. Eines meiner größten Ziele für die Zukunft ist, Weltmeister zu werden.

Was bedeutet ein Tor für dich?

Wenn du ein Tor für deine Mannschaft erzielt hast, ist es das Größte. Doch wir sind 11 Spieler, die gemeinsam für dieses Tor kämpfen. Jeder gibt sein Bestes und wer die günstigste Position hat, der schießt.

Deshalb ist auch eine gute Vorbereitung, ein erfolgreicher Zweikampf und ein genauer Pass genauso wichtig. Fußball ist nichts für Einzelkämpfer – Teamgeist ist gefragt!

Was bedeutet Fußball für dich?

Als Profifußballer verdiene ich mit dem Fußballspielen mein Geld. Ich hatte das Glück, aus meinem schönsten Hobby einen Beruf zu machen.

Ich weiß aber auch, dass keiner bis zur Rente spielt und Verletzungen die Karriere schnell beenden können. Deshalb habe ich meine Schulausbildung nicht vergessen und auch das Abitur gemacht.

Hast du neben dem Fußball noch Zeit für anderes?

Ich nehme das Fußballspiel und das Training sehr ernst. Aber es ist ganz wichtig, dass man seine Freunde und andere Hobbys nicht vergisst. Zur Entspannung höre ich gern Musik, gehe ins Kino und treffe mich mit Freunden. Am allerwichtigsten ist für mich meine Familie.

Welchen Tipp hast du für die jungen Kicker?

Fußball ist eine tolle Sportart. Willst du erfolgreich sein, dann gehe regelmäßig zum Training und strenge dich an. Spiele so viel wie möglich mit deinen Freunden draußen auf dem Bolzplatz oder auf der Wiese. Hab Spaß am Sport und am Fußballspiel. Auch wenn du später kein Profifußballer wirst, lernst du viele wichtige Dinge für dein späteres Leben, wie Kameradschaft, Disziplin, Durchhaltevermögen und Ordnung. Du hast viele glückliche Erlebnisse, machst aber auch die Erfahrung mit Niederlagen und Misserfolgen. Das stärkt den Charakter.

Vielen Dank für das Gespräch
und weiterhin viel Erfolg!

Möchtest du ein Autogramm von Michael Ballack, dann schreibe auf einen Briefumschlag deine Adresse und klebe eine Briefmarke darauf. Stecke diesen Rückumschlag in einen frankierten Umschlag und schicke ihn an:

FC Bayern München AG
Säbener Str. 51
81547 München

Fanseite

Lieblingsspieler: _____
Verein: _____
Position: _____
Erfolge: _____

Hier kannst du Autogramme sammeln und Bilder einkleben!

4 TRAINING –
DER RICHTIGE WEG ZUM ERFOLG

So, wie deine Vorbilder spielen, das wär das Größte! Du willst torgefährlich sein, super Tore erzielen, den Ball erkämpfen und sicher in der Abwehr stehen. Bestimmt ist dir im Training und bei den Spielen aufgefallen, dass nicht alles immer so klappt, wie man es sich wünscht. Außerdem können die anderen auch ganz gut spielen, vielleicht sogar besser als du!

Das ist aber kein Problem, denn, was andere können, das erreichst du auch! Aber wie kannst du es anstellen, ein guter und vielleicht auch ein Spitzenfußballer zu werden? Mit diesem Fußballbuch wollen wir dir helfen, erfolgreich zu trainieren.

Der DFB-Chefausbilder Erich Rutemöller
beim Training mit Jugendlichen

Der Weg zum Fußballergipfel

Das Buch wird deinen Trainer nicht ersetzen können. Es wird dir jedoch erklären, warum dein Trainer mit dir die Technik und die Kondition trainiert, warum er sagt, dass du deine Ausdauer, deine Kraft, deine Schnelligkeit und deine Beweglichkeit verbessern musst.

Du lernst verstehen, warum es notwendig ist, neben dem Spielen auf Tore auch noch andere Übungen auszuführen, die scheinbar überhaupt nichts mit dem Fußball zu tun haben.

Du lernst, wie wichtig es ist, sich vor dem Training und dem Spiel aufzuwärmen und zu dehnen. Du erfährst, warum du manchmal denkst, es geht nicht besser und warum du nicht an jedem Tag gleich gut bist.

Außerdem erhältst du Hinweise, was du im Training und außerhalb der regelmäßigen Trainingsstunden selbst tun kannst, um deine Leistungen zu verbessern und die Fortschritte selbstständig zu kontrollieren und zu bewerten. Die besten Fußballer können das. Nach vielen Jahren Training und vielen Spielen wissen sie genau, ob sie in Form sind oder nicht und was sie trainieren müssen, um besser spielen zu können.

Der Trainer ist dann für sie ein guter Freund und Berater, der aber auch manchmal streng sein muss, wenn der „innere Schweinehund" sagt: „Das ist aber heute anstrengend. Jetzt höre ich auf!"

Aktiv und bewusst trainieren

Als Training im Fußball wird all das verstanden, was man **aktiv** und **bewusst** tun muss, um besser Fußball spielen zu können.

 Aktiv heißt, dass du selbst trainieren musst. Du wirst nicht dadurch besser, dass dein Trainer läuft, schießt oder springt. Auch nicht, wenn du dir das Fußballbuch nachts unter das Kopfkissen legst. Sondern nur, wenn du selbst trainierst, also aktiv bist.

 Bewusst heißt, dass du den Sinn und Nutzen der Aufgaben, die dir der Trainer aufgibt, verstehst und sie selbstständig erfüllst. Dass du dir vielleicht auch schon selbst Übungen ausdenkst und sie ausführst.

Das Gegenteil vom bewussten Trai-ning des Sportlers ist das unbewusste Training, das mit Rennpferden oder Windhunden durchgeführt wird. Die machen nur, was ihr Tiertrainer be-fiehlt, ohne darüber nachzudenken.
Das können sie ja auch nicht!

 *Du führst im Training also nicht einfach nur aus, was dir gesagt wird, sondern du weißt auch, warum du es tust. Was gut ist für deinen Erfolg.*

Das gilt übrigens nicht nur für den Sport, sondern auch für das Lernen in der Schule!

Da ein Fußballer viele Jahre trainieren muss, um sehr gute Leistungen zu erzielen, ist es sinnvoll, gleich zu Beginn zu erfahren, was richtiges Training bedeutet und zu lernen, wie man trainiert. Du wirst dann in der gleichen Trainingszeit wie andere größere Fortschritte machen und am Ende der Erfolgreichere sein. Außerdem macht das Training dann viel mehr Spaß.

Trainieren will gelernt sein!

Richtig trainieren – aber wie?

Voraussetzung für das bewusste Trainieren ist, dass du dir drei Fragen beantworten kannst:

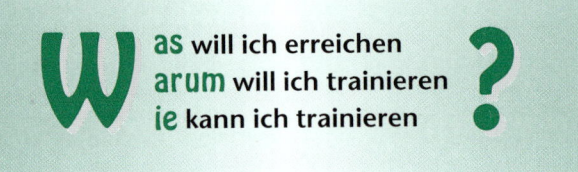

W **as** will ich erreichen
arum will ich trainieren
ie kann ich trainieren ?

W as will ich erreichen?
Was sind die Ziele meines Trainings?

Aktives und bewusstes Training setzt klare Ziele voraus. Wenn du kein Ziel hast, wird dir das Training bald keinen Spaß mehr machen. Dann weißt du ja nicht, warum du dich so mühst. Das wichtigste Ziel eines Fußballers ist es natürlich, Spaß am Fußballspiel zu haben. Richtigen Spaß macht es dir auf Dauer nur, wenn du eine immer perfektere Technik hast, schneller und ausdauernder wirst und natürlich viele Tore erzielst. So dienst du deiner Mannschaft und ihr könnt gewinnen. Oder würde es dir vielleicht gefallen, immer nur zu verlieren?

Als Erstes stellst du dir sicher ein ganz großes Ziel: Da wird im Fernsehen die Fußballweltmeisterschaft oder die Champions League übertragen. Die Mannschaft umarmt ihren Torschützen, die Fans im Stadion jubeln, die Massen am Bildschirm sind begeistert. Nun denkst du: „Das möchte ich auch erreichen." Das ist auch richtig so!

Nur solltest du bedenken, dass, vom Sieg zu träumen, noch nicht die Wirklichkeit ist. Da muss erst viel Schweiß fließen und du wirst auf diesem Weg auch viele Niederlagen einstecken.

Neben den ganz großen Zielen, die noch in weiter Ferne liegen, stellst du dir auch nähere Ziele. Zum Beispiel nimmst du dir vor, endlich einen Zweikampf gegen Tom zu gewinnen, aus weiterer Entfernung ein Tor zu erzielen oder mal eine zweite Halbzeit durchzuhalten, ohne schlappzumachen.

Ziele sind der Antrieb jedes ehrgeizigen Sportlers!

Es macht Spaß, gesteckte Ziele zu erreichen und wenn es noch nicht so klappt, ist dies ein Ansporn. Setze dir aber keine unmöglichen Ziele, sondern nur solche, die realistisch sind und die du auch in nächster Zeit erreichen kannst.

Muss nicht der Trainer die Ziele festlegen?

Nun wirst du vielleicht denken, dass dies die Aufgabe des Trainers ist. Er kann dir doch sagen, was du erreichen kannst und solltest. Das wird er tun. Auch er steckt sich Ziele für das Training mit seinen Fußballern und stellt Trainingspläne auf, nach denen er mit ihnen trainiert. Es gibt ja auch Trainingsprogramme und Bücher für Trainer.

Doch jeder Fußballer kennt sich selbst am genauesten, seine Stärken und Schwächen. Deshalb weiß er auch am besten, welche Ziele er sich setzen kann. Und dann ist es immer gut, wenn du dir diese Ziele selbst stellst, als sie von jemandem „aufgedrückt" zu bekommen. Dann sind es deine eigenen Ziele und du bist viel eher bereit, alles dafür zu geben, sie auch zu erfüllen.

Wenn du deinem Trainer genau sagen kannst, was noch nicht so klappt und was du in der nächsten Zeit verstärkt üben willst, dann kann er auch darauf eingehen und dir beim Trainieren helfen.

Stell dir vor, du kommst beim Training in solche Situationen. Wie würdest du reagieren?

 Dein Trainer fordert, einen Flugball mit dem Innenspann ins leere Tor aus 16 m Entfernung zu schießen. Du schaffst es aber nicht. Dein Ball erreicht keine Flugbahn, sondern rollt nur flach über den Rasen.

 Der Trainer verlangt von dir, mindestens 10 x den Ball zu jonglieren. Du musst innerlich schmunzeln. Das schaffst du locker, denn deine Bestleistung steht ja schon bei 22.

Natürlich haben Trainer und Sportler manchmal verschiedene Auffassungen. Teilweise gibt es Widerspruch zwischen den Zielen, die du dir selbst stellst und denen, die der Trainer für dich vorsieht. Für den Trainer ist es ja nicht einfach. Stellt er nach deiner Meinung zu hohe Ziele, dann traut er dir eine Menge zu. Wenn du denkst, seine Ziele sind für dich zu niedrig, dann zeige ihm, dass du mehr draufhast.

Trage in die folgende Tabelle auf Seite 30 deine Ziele mit Datum ein. In die zweite Spalte wird eingetragen, wann du das Ziel erreichen willst. Hast du es dann wirklich erreicht, mache ein Häkchen und schreibe das tatsächliche Datum dazu.

Wenn die Liste voll ist, dann zeichne dir eine neue Übersicht und lege oder klebe sie dir hier ins Buch. Du kannst dir aber auch ein „Zieleheft" anlegen, welches du längere Zeit benutzt.

Was ich erreichen will/ Datum	Datum Ziel/geschafft
Im Punktspiel ein Tor schießen/ 22.6.	Juli/ 24. Juli ✓
20 x jonglieren	

Das Gesamtziel und die Teilziele

Ein Beispiel:

Paul war im letzten Spiel sehr schlecht und wurde auch vom Trainer aus-
gewechselt. Er weiß aber auch, woran es lag. Wegen seiner schlechten
Technik verlor er viele Bälle! Bis zum nächsten Spiel hat er sich für das
Training vorgenommen, auf alle Fälle seine Ballführung im Dribbling zu
verbessern. Das ist sein Gesamtziel. Nun kann er natürlich nicht gleich in
der ersten Trainingsstunde seine gesamte Technik verbessern. Deshalb hat
er sich Teilziele gesetzt, die ihn zum Gesamtziel bringen.

Wie das gemeint ist, kannst du hier sehen:

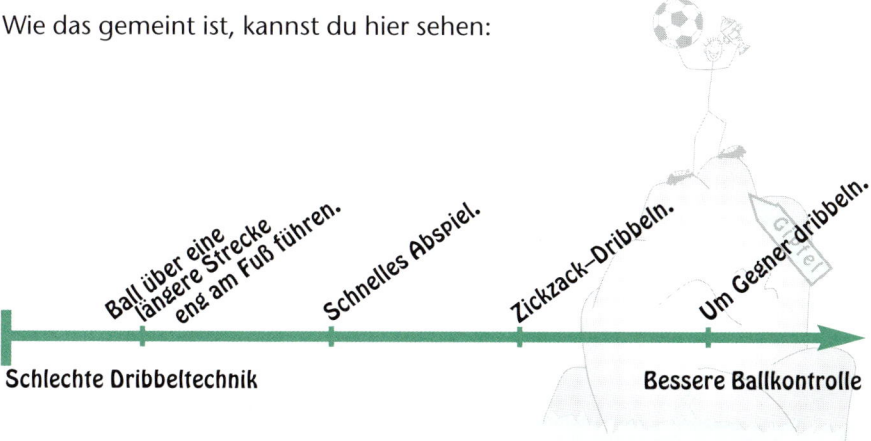

Auch eine Kopfballschwäche kannst du nicht gleich komplett verbessern.
Teilziele für eine besseres Kopfballspiel könnten zum Beispiel lauten:

 Für einen höheren und schnelleren Absprung die Sprungkraft verbessern

 Den Ball mit dem Kopf jonglieren

 Den Ball mit der Stirn köpfen

So kannst du dir für alle Techniken, die im Buch beschrieben sind, Teilziele stellen und dich dann freuen, wenn du es geschafft hast, auch, wenn es im Spiel vielleicht noch nicht geklappt hat. Für die Schnelligkeit lassen sich die Teilziele mithilfe von Sprintzeiten am besten bestimmen, für die Ausdauer mit Ausdauerzeiten und die Sprungkraft mit der Sprunghöhe.

Warum will ich Fußball trainieren?
Was ist der Grund meines Trainings? Was sind die Motive?

Der Grund oder auch die *Motive* für das Training sind der „psychische Motor", der das Training in Gang setzt. Sie entscheiden darüber, ob du zum Training gehst oder nicht, ob du kämpfst oder dich bei einem Misserfolg hängen lässt.

Bei schönem Wetter und Langeweile ist es kein Problem, zum Training zu gehen. Dort triffst du deine Mannschaftskameraden und vielleicht hat euer Trainer etwas Spannendes geplant. Aber wie sieht es aus, wenn die Schulfreunde in der Eisbar locken oder bei Schmuddelwetter eine schöne Serie im Fernsehen kommt? Ist dann auch die Sporttasche so schnell gepackt?

Wenn du aber unbedingt ein Zwischenziel erreichen willst und du weißt, das nächste Training ist für die Mannschaftsaufstellung besonders wichtig, dann wird dir die Entscheidung nicht sehr schwer fallen.

Überprüfe doch einmal selbst, warum du zum Fußball gehst und dich beim Training anstrengst. Entscheide, ob ein Motiv für dich sehr wichtig, wichtig oder weniger wichtig ist.

Zeichne in der nachfolgenden Liste ein Kreuz in die jeweilige Spalte.

Wenn du noch andere Gründe hast, dann ergänze sie in den zwei freien Zeilen. Du kannst ja auch nach einem Jahr diese Übersicht nochmals ausfüllen. Vielleicht haben sich deine Motive geändert.

Ich gehe zum Training und bemühe mich um beste Leistungen,

	sehr wichtiger Grund	wichtiger Grund	nicht so wichtig
weil ich so gut spielen will wie mein Vorbild.	☐	☐	☐
weil ich etwas für meine Gesundheit tun will.	☐	☐	☐
weil ich durch Training stark werden will.	☐	☐	☐
weil ich meinen Eltern eine Freude machen will.	☐	☐	☐
weil mein bester Freund/meine beste Freundin auch geht.	☐	☐	☐
weil ich meinen Trainer nicht enttäuschen will.	☐	☐	☐
weil ich dadurch Anerkennung erringen will.	☐	☐	☐
weil ich sonst nicht anderes zu tun habe.	☐	☐	☐
weil ich meiner Mannschaft zum Sieg verhelfen will.	☐	☐	☐
weil ich gerne mal in der Zeitung stehen will.	☐	☐	☐
weil ich mal zur Nationalmannschaft gehören will.	☐	☐	☐
weil ich später als Profi viel Geld verdienen will.	☐	☐	☐
weil ich durch Training meinen Charakter festige.	☐	☐	☐
weil Fußball eine tolle Sportart ist.	☐	☐	☐
weil _____	☐	☐	☐
weil _____	☐	☐	☐

Der Trainer sagt zu Max: „Lauf die 60 m so schnell du kannst!" Max gibt sein Bestes und ist ganz zufrieden mit seiner Leistung.

Nach ihm läuft Ole. Der Trainer stoppt bei ihm eine schnellere Zeit. Das ärgert Max, der doch eigentlich ganz zufrieden mit seinem Ergebnis war. Max möchte nun noch einmal direkt gegen Ole starten, denn diese Niederlage lässt er nicht auf sich sitzen.

Wie das Endergebnis aussieht, spielt im Prinzip keine Rolle, denn du kannst dir denken, dass Max jetzt schneller gelaufen ist als zuvor. Der direkte Wettkampf mit Ole hat ihn motiviert, noch schneller zu laufen.

Ein ganz wichtiger Grund für die Anstrengung im Training ist, dass du weißt, warum du die einzelnen Übungen ausführen musst und wie du dadurch deine Leistungen verbessern kannst.

Was man mit Interesse tut, geht doppelt so gut!

Wie kann ich trainieren, damit ich meine Ziele erreiche?
Auf welche Art und Weise kann ich durch Training meine Leistungen verbessern?

In der Fachsprache heißt die Anstrengung im Training *Belastung*. Wie jeder einzelne Spieler verschieden ist, so ist auch seine Belastbarkeit und die notwendige Belastung verschieden. Wenn sich ein Sportler beim Training zu wenig anstrengt, dann erreicht er keine Leistungsverbesserung und wenn er sich zu sehr belastet, dann kann dies zu Erschöpfung und zu Verletzungen führen.

Leider gibt es keine Tabelle, in welcher der Fußballer oder der Trainer nachschauen kann, wie hoch die Belastung sein sollte und darf. Da muss jeder Sportler selbst mithelfen. Im Laufe der Zeit lernt er, in seinen eigenen Körper „hineinzuören" und zu erkennen, wann die Belastung hoch genug ist.

Bei richtiger Belastung im Training kommt es zur Leistungssteigerung, weil sich unser Organismus anpasst. So wird das Herz größer und leistungsfähiger und die Muskeln verdicken sich und werden kräftiger. Du merkst nach einiger Zeit regelmäßigen Trainings, dass Übungen, bei denen du früher noch außer Puste gekommen bist, dich gar nicht mehr so anstrengen. Wenn du früher nach 15 Minuten Laufen schon völlig erschöpft warst, hältst du nun mindestens eine halbe Stunde durch.

Nun ist es an der Zeit, die Belastung zu erhöhen. Damit muss sich dein Organismus wieder anpassen und die Leistung wird so stufenweise gesteigert.

Viele Sportwissenschaftler und Ärzte haben untersucht und geforscht, welche Trainingsmethoden für Fußballer die günstigsten sind, um beste sportliche Leistungen zu bringen und den Körper gesund und fit zu halten. Denn einfach draufloszutrainieren, bringt meist nicht den gewünschten Erfolg. Es kann dir sogar schaden.

Bestimmt hast du schon gemerkt, wenn du länger nicht trainiert hast, waren deine Leistungen wieder etwas schlechter. In der ersten Trainingsstunde nach der Pause fielen dir die Übungen schwerer und deine Leistungen waren nicht mehr so gut. Du musstest also wieder mit einer geringeren Belastung beginnen, als du die letzte Trainingsstunde beendet hast.

Regelmäßiges Training ist besser als unregelmäßiges!

Erinnerst du dich noch an unser Beispiel mit dem Gipfel, den du erreichen willst? Faulheit und Unregelmäßigkeit im Training unterbrechen die Leistungsentwicklung. Du wirst auf dem Weg zum Erfolg wieder ein Stück zurückgeworfen. Das ist so, als ob du den Weg, den du schon zurückgelegt hast, wieder ein Stück zurückrutschst.

Aber oft ist es auch nicht möglich, so fleißig zu trainieren, wie man sich das vorgenommen hat. Es gibt Zeiten, wo du vielleicht mal etwas mehr für die Schule lernen musst, du mit den Eltern im Urlaub bist, euer Verein nicht genügend Platzzeiten bekommt oder der Trainer nicht so viel Zeit hat.

Wer sich ein sportliches Leistungsziel gesetzt hat, sollte jedoch 2-3 x in der Woche trainieren. Ab etwa 14 Jahren sollte ein Spieler 3-4 x pro Woche zum Training gehen.

Wenn du durch Krankheit oder eine Verletzung nicht trainieren kannst, dann musst du dich natürlich schonen und wieder gesund werden. Kannst du allerdings durch Urlaub, eine schulische Veranstaltung oder andere Gründe nicht zum Training gehen, dann versuche trotzdem, in Form zu bleiben. Gehe zum Joggen, mache einige Kraftübungen oder Ballübungen im Zimmer oder trainiere deine Beweglichkeit. Spezielle Übungen findest du an verschiedenen Stellen des Buches. So wird dir der Anschluss nach der Pause etwas leichter fallen.

Bevor du dir die nächsten Seiten anschaust und durchliest, beantworte folgende Fragen.

⚽ *Wie muss ein guter Fußballer sein?*

⚽ *Was muss ein erfolgreicher Fußballer können?*

⚽ *Wovon sind seine Leistungen abhängig?*

Was einen guten Fußballer ausmacht

Sicher sind dir einige gute Antworten auf unsere Fragen von Seite 38 eingefallen.

Wir haben in dieser Übersicht darzustellen versucht, was sich alles auf die Leistung eines Fußballers auswirkt und was trainiert werden muss. Dass sich in der Darstellung die Kreise überschneiden, liegt daran, dass man die einzelnen Faktoren auf keinen Fall getrennt voneinander sehen kann.

Der Kreis der psychischen Fähigkeiten umschließt alles, da diese auf alles einwirken. Hinzu kommen noch wichtige Einflüsse von außen.

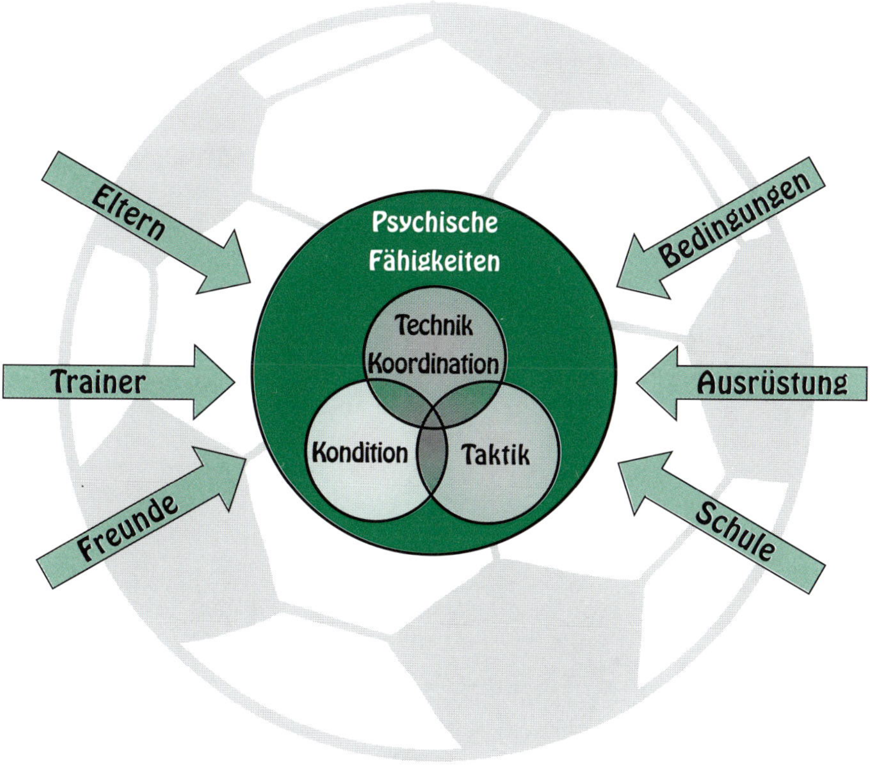

Eltern

Trainer

Freunde

Bedingungen

Ausrüstung

Schule

Psychische Fähigkeiten

Technik

Koordination

Kondition

Taktik

Bei einem Fußballer, der schnell ist, über eine gute Ausdauer und Kraft verfügt, sagt man, dass er eine gute **Kondition** hat. Ein Fußballspiel dauert, je nach Alter, zwischen 50 und 90 Minuten und somit ist Kondition wichtig, um die volle Spielzeit durchzuhalten.

Mit **Technik** sind die speziellen Bewegungen im Fußball gemeint. Dazu gehören die Stoßarten, die Ballannahme und -mitnahme, die Abwehrtechniken, das Passen, das Dribbeln und Tricksen.

Damit bei allen fußballerischen Aktionen die Bewegungen von Beinen, Armen und des gesamten Körpers zusammenwirken, brauchst du **Koordination**. Im Spiel muss dann alles wie im Schlaf ablaufen. Bist du auf dem Spielfeld, dann sollst du dich auf den Spielverlauf, den Gegner und den Ball konzentrieren und nicht mehr auf die korrekte Ausführung der Technik.

Die **Taktik** ist der Plan, mit dessen Hilfe du deinen Gegner besiegen kannst. Allein und im Zusammenspiel der Mannschaftskollegen sichert ihr den Ballbesitz und damit den möglichen Sieg.

Von der **Psyche** hängt ab, wie siegessicher, kampfstark oder ängstlich du bist, ob dich ein verlorener Zweikampf oder ein verschossener Ball entmutigt oder anspornt, jetzt erst recht zu kämpfen.

Auf unserer Übersicht siehst du auch noch Pfeile wie **Eltern, Trainer, Freunde, Trainingsbedingungen, Ausrüstung und Schule.** (Man könnte noch mehr aufzählen.) Das sind alles Einflüsse, die von außen kommen und sich auf die Leistungen des Fußballers auswirken. Es ist sehr wichtig, ob die Eltern dich beim Trainieren unterstützen oder dagegen sind, wie gut du dich mit dem Trainer verstehst und ob du gern mit den Mannschaftskameraden zusammen bist.

Mit Problemen in der Schule oder Stress in der Familie hat man den Kopf nicht frei. Es ist ein Unterschied, ob viele Zuschauer jubeln, die Sonne scheint und dir die neuen Trikots gefallen oder ob du ausgebuht wirst, der Rasen matschig ist und die alten Schuhe drücken.

Alle Faktoren zusammen bringen Erfolg

Nur mit guter Kondition wirst du vielleicht ein prima Dauerläufer, mit sauberer Technik ein toller Ballartist oder mit exzellenter Taktik ein erfolgreicher Schachspieler. Aber ein Fußballer braucht alles zusammen. Und wenn die Psyche, unser Steuerungssystem, ausfällt, dann kann alles durcheinander gehen. Genauso, als ob beim Computer die Software fehlt. Doch alle Bestandteile auf einmal aufzubauen, ist sehr schwierig. Deshalb muss man Stück für Stück alles trainieren, um ein erfolgreicher Fußballer zu werden.

Was bedeutet das für dein Training?

Das beste Training für junge Fußballspieler ist spielen, spielen, spielen!

Im Spiel musst du laufen, schießen, tricksen und Nervenstärke zeigen. Das macht den meisten Spaß und du kannst alles gleichzeitig trainieren. Vielleicht merkst du aber, dass besondere Schwächen immer wieder auftreten und du dich kaum verbesserst. Dann ist zusätzliches Spezialtraining notwendig! Machst du nach wenigen Minuten schlapp, geht's zum Extrajoggen, wirst du vom Gegner ständig abgehängt, muss der Sprint trainiert werden und klappt das Passen und Toreschießen nicht, wird die Schusstechnik trainiert.

In den nächsten Kapiteln werden wir die einzelnen Faktoren genau erklären und über Trainingsmethoden sprechen. Wir zeigen dir Möglichkeiten für Übungen daheim, für die Selbstkontrolle und die Bewertung deiner eigenen Leistungen.

5 TECHNIK

Was man unter Technik versteht

Die wichtigsten „Werkzeuge" des Menschen sind seine Hände. Damit kann er am genauesten arbeiten. Ausgerechnet deren Einsatz ist beim Fußball (außer beim Torhüter oder beim Einwurf) nicht zugelassen.

Bei deinen ersten fußballerischen Versuchen war es dir sicher fast unmöglich, den Ball in die richtige Richtung und Höhe zu schießen, ihn mit dem Fuß zu stoppen oder einen Mitspieler zu umspielen, ohne dass der Ball verloren ging. Erst nach vielen Versuchen und häufigem Spielen wurde es immer besser.

Es gibt Fußballer, die sind wahre Ballkünstler. Sie können den Ball in allen Varianten jonglieren und verblüffen ihre Fans mit besonderen Tricks. Sie verfügen über ein sehr gutes Ballgefühl. Das ist eine wichtige Voraussetzung für einen erfolgreichen Spieler.

Doch der Umgang mit dem Ball ist viel mehr und auch etwas anderes als nur Jonglieren. Du willst Tore schießen und Gegentore verhindern! Dazu musst du schießen, passen, dribbeln und ... noch viel mehr!

Wer erfolgreich im Fußball sein möchte, muss die **Fußballtechnik** *erlernen und beherrschen. Sie wird als das Handwerkszeug des Fußballers bezeichnet.*

Auf vielfältige Art wirst du im Training die Techniken und die Bewegungs-abläufe immer wieder üben. So lange, bis du nicht mehr an jeden einzelnen Schritt denken musst. Stell dir vor, du müsstest dich immer an jeden gesonderten Bewegungsablauf erinnern!

Zum Beispiel beim Köpfen:

> *„Schauen, wie der Ball kommt – Nacken fest – Bogenspannung – Augen auf – im richtigen Moment abspringen – mit der Stirn köpfen – Oberkörper schnellt nach vorn!"*

Dafür hast du im Spiel keine Zeit mehr. Dort konzentrierst du dich auf den Gegner, das Tempo und die Spielsituation.

Die Bewegungen müssen automatisiert ablaufen!

Technik im Fußball

Unter *Technik* im Fußball verstehen wir alle diejenigen speziellen Bewegungen, die beim Fußballspiel verwendet werden und den Regeln entsprechen. Dazu gehören die Ausführung der Stoßarten, die Ballannahme und die Ballmitnahme, die Ballabnahme, der Einwurf usw. Die wichtigsten Techniken hast du schon in deinen ersten Fußballerjahren erlernt. Im weiteren Training werden sie immer mehr verfeinert, variiert und es kommen neue hinzu.

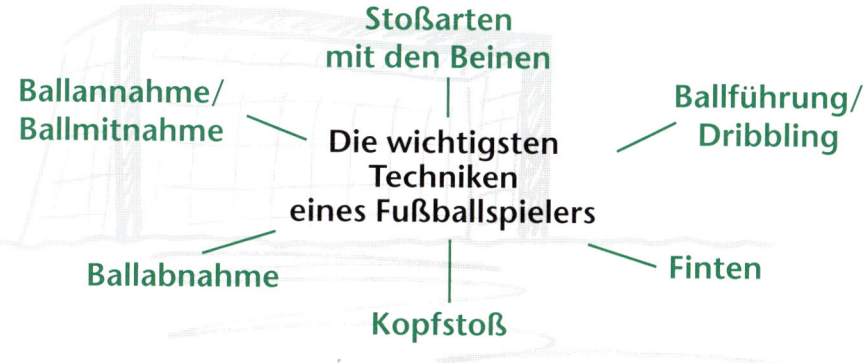

Stoßarten
mit den Beinen

Ballannahme/
Ballmitnahme

Ballführung/
Dribbling

**Die wichtigsten
Techniken
eines Fußballspielers**

Ballabnahme

Finten

Kopfstoß

Die Bewegungen werden aus der Spielsituation heraus schnell und sicher ausgeführt, sodass man den Ablauf kaum noch kontrollieren kann. Du erkennst dann am Erfolg, ob es richtig war. Wenn dein Mitspieler und nicht der Gegner den Pass erhält, wenn du beim Dribbling den Ball nicht verlierst und natürlich, wenn der Ball im Tor landet (aber nicht im eigenen!).

Natürlich klappt das alles nicht auf Anhieb perfekt. In vielen, vielen Trainingsstunden und Spielen wirst du nach und nach alles lernen.

Das Erlernen der Techniken

Wenn du eine neue Technik erlernst, erfolgt ihre Einführung meistens mit einer Erklärung durch den Trainer. Er erläutert dir den Bewegungsablauf, sagt, worauf du besonders achten und welche Fehler du vermeiden musst. Danach zeigt er die Technik.

Gelernt wird Step by Step (Schritt für Schritt)!

Dass nicht immer gleich alles auf einmal und perfekt funktioniert, hast du sicher auch schon bemerkt. Wir können ja nicht zaubern! Wenn du also etwas Neues erlernen möchtest, geht das Stück für Stück und vom Einfachen zum Schweren. Kannst du eine einzelne Bewegung gut ausführen und hast du sie oft genug geübt, dann kommt der nächste Schritt. Halte dich nicht lange mit „Zeitlupentempo" auf, denn im Spiel hast du ja auch nicht so viel Zeit. Außerdem hat der Ball bei zu langsamen Bewegungen nicht genug Schwung. Wenn du weißt, wie ein Bewegungsablauf ausgeführt wird, dann übe ihn schnell.

Durchhalten bringt Erfolg

Nach dem Vormachen und den Erklärungen des Trainers geht es ans Üben. Natürlich macht es viel Spaß, eine neue Technik zu erlernen und auszuprobieren. Die Bewegungen sind am Anfang meist sehr langsam und ungenau, doch du merkst schnell die Fortschritte. Deine Bewegungen werden immer sicherer und schneller und auch deinem Trainer wird das nicht entgehen. Er lobt dich bestimmt und das ist Ansporn, weiter zu üben und immer schneller und perfekter zu werden.

Der Trainer kann nicht gleichzeitig auf alle schauen, deshalb helft euch gegenseitig! Ein Sportler führt die Bewegung aus und der andere beobachtet ihn aufmerksam und sagt, was noch nicht so gut gelingt.

Doch langsam wird dir die Überei zu viel. Du spürst keine deutlichen Leistungsverbesserungen mehr und der Reiz des Neuen ist ebenfalls weg. Du denkst, es geht doch schon ganz gut mit dieser neuen Technik, wozu eigentlich noch weiterhin üben? Nun kommt der Zeitpunkt, wo du vielleicht keine Lust mehr hast. Aber wenn du jetzt aufhörst, verlernst du wieder einiges und das ganze Üben zuvor war umsonst. Also, denke an das, was du dir vorgenommen hast und überwinde diesen „inneren Schweinehund"!

Der Weg zur Leistungssteigerung

Nach dem schnellen Fortschritt kommen jetzt viele Trainingstage, an denen du das Gefühl hast, dass sich gar nichts tut. Das ist normal. Auf dem langen Weg zur perfekten Technik gibt es immer Etappen des schnellen Vorwärtskommens und auch Etappen der mühsamen Schinderei. Wenn du also denkst, besser und schneller geht es nicht, ich habe meine Leistungsgrenze erreicht und weiteres Üben ist zwecklos, dann mach trotzdem weiter! Du wirst sehen, dass es doch noch besser geht.

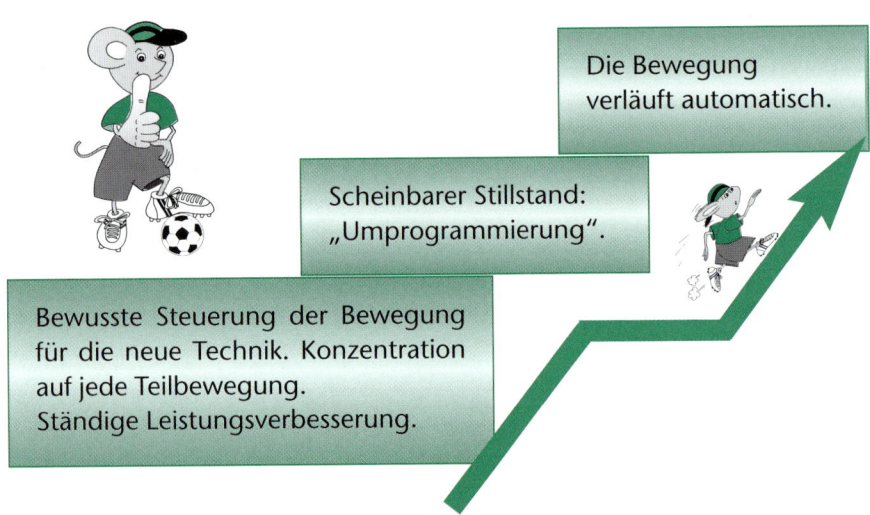

Bewusste Steuerung der Bewegung für die neue Technik. Konzentration auf jede Teilbewegung. Ständige Leistungsverbesserung.

Scheinbarer Stillstand: „Umprogrammierung".

Die Bewegung verläuft automatisch.

Im Moment des scheinbaren Stillstands bereitet sich dein Körper auf die nächste Stufe der Leistungsentwicklung vor. Es wird sozusagen innerlich auf die nächste Stufe „umprogrammiert". Das kommt manchmal fast wie über Nacht. Hier heißt es: Durchhalten! Auch dein Trainer weiß das und lässt euch fleißig weiterüben.

Manche Techniken lernst du relativ schnell. Für andere braucht man viele, viele Trainingsstunden, sogar Jahre.

Koordination

Eine gute Koordination braucht man in vielen Bereichen des Lebens. Du brauchst sie beim Essen mit Messer und Gabel, beim Schreiben, Malen, Basteln, auch beim Fahrradfahren, Balancieren auf einem schmalen Balken und Schwimmen. Voraussetzung ist dabei die Beherrschung deines Körpers. Man sagt, die Muskeln müssen gesteuert – oder mit einem Fremdwort – „koordiniert" werden.

Das funktioniert so:
Über deine Sinnesorgane (Augen, Ohren usw.) wird die Spielsituation erkannt und die Informationen an das Gehirn weitergeleitet. Von dort aus erhalten deine Muskeln Befehle, wie sie reagieren sollen.

Im Fußball kommt es auf die Beherrschung vieler Techniken an, mit deren Hilfe du einen guten Pass, einen platzierten Torschuss oder einen Zweikampf um den Ball erfolgreich bestreiten kannst.

Beim Torschuss passiert z. B. Folgendes:
> Der Ball liegt vor dir. Dein Gehirn gibt den Befehl an die Beinmuskulatur: Schießen! Dabei geht der Befehl blitzschnell, Sekunden sind da viel zu lang. Viel schneller und kürzer passiert das. Über die Nervenbahnen nach unten zu den Beinen. Die Muskeln arbeiten abgestimmt miteinander, weil die Beine mehrere Muskelgruppen besitzen (Hüfte, Oberschenkel, Unterschenkel, Füße).

Aus diesem abgestimmten *(koordinierten)* Miteinander kommt am Ende der Torschuss heraus:
> *Anlaufen – ausholen – vorschwingen – Fuß feststellen – auf den Ball zielen – Treffen des Balls – schießen – das Durchschwingen des Schussbeins nach dem Schuss*

All das sind Teilbewegungen, die in der Gesamtheit als Schuss erkennbar sind. Je besser die Koordination der einzelnen Teile, umso genauer und schärfer ist der Schuss. Die Beine arbeiten wie ein *Motor,* der durch das *Gehirn* gesteuert wird.

Wann du im Spiel eine gute Koordination besitzen solltest

⚽ **Beim schnellen Handeln auf engem Raum unter gegnerischer Bedrängnis**

Zum Beispiel: Du hast als Mittelstürmer den Ball und stehst mit dem Rücken zum Tor. Ein Gegner bedrängt dich von hinten, du willst aber an ihm vorbeikommen und aufs Tor schießen.

⚽ **Beim Ausweichen**

Zum Beispiel: Ein Gegner kommt ganz schnell auf dich zu, will dir den Ball abnehmen und du stellst ihn mit einer geschickten Körpertäuschung auf die „falsche" Seite.

⚽ **Beim geschickten Ballführen unter gegnerischer Bedrängnis**

Zum Beispiel: Du bist in Ballbesitz und behauptest ihn, indem du deinen Körper zwischen Ball und Gegner schiebst.

⚽ **Beim Fallen und Stürzen (mit und ohne gegnerische Beeinflussung) in regelgerechten Zweikämpfen**

Zum Beispiel: Es kann vorkommen, dass du „auf die Nase fällst". Dann musst du schnell wieder auf die Beine kommen, um wieder spielbereit zu sein. Es kann ja sein, dass du damit noch ein Tor verhinderst!

 Beim Springen nach einem Flugball mit Drehungen in der Luft und verletzungsfreier Landung

 Beim schnellen Verfolgen eines wegsprintenden Gegenspielers

 Beim schnellen Lösen vom Gegner, trotz engster Manndeckung

Ein Spieler sollte seinen Körper sehr gut kontrollieren können, um den Ball und den Gegner zu beherrschen.

Er muss schnell sein wie ein Wiesel, listig wie ein Fuchs, gewandt wie ein Panther und stark wie ein Löwe.

So könntest du auch das Zusammenspiel von Armen Beinen, Füßen usw. üben!

Bessere Fußballerübungen findest du auf den nächsten Seiten.

So lassen sich die Koordinationsfähigkeiten trainieren

Am besten kannst du natürlich deine Koordinationsfähigkeiten beim Fußballspielen üben. Es gibt aber auch zusätzliche Übungen. Diese könnt ihr besonders gut im Winter beim Hallentraining ausführen.

Turnen
- *Rollen vorwärts und rückwärts, Handstand und Kopfstand*
- *Bockspringen (Grätsche, Hocke)*
- *Reckturnen (Felgaufschwung und –umschwung)*
- *An der Kletterstange hangeln*

Gymnastik
- *Dehnen und Kräftigen der Muskeln*
- *Bauch- und Rückenmuskulatur stärken*
- *Entspannungsübungen*
- *Fußgymnastik*

Kleine Spiele
- *Staffelläufe*
- *Pendelstaffeln*
- *Jägerball*
- *Hasch- und Fangspiele*

Andere Spiele
- *Basketball*
- *Volleyball*
- *Ball über/unter die Leine*
- *Federball/Badminton*
- *Tennis*

Andere Sportarten
- *Schwimmen*
- *Skilaufen*
- *Leichtathletik (Dreikampf: Werfen, Sprinten und Weitspringen)*

Geschicklichkeitslauf

Baut euch eine Rundstrecke mit verschiedenen Aufgaben auf. Wer kommt ohne Fehler durch? Wer kommt am schnellsten durch?

So könnte eine Strecke z. B. aussehen:
Über einen Balken balancieren – Rolle vorwärts – unter einer Bank durchkriechen – eine Sprossenwand hochklettern und abspringen – einen Ball in den Korb werfen – Schlängellauf – über ein Hindernis klettern – 10 Seilsprünge – den Medizinball über eine Linie werfen

Spezielle Fußballübungen, um die Koordinationsfähigkeiten zu trainieren:

Reaktionsvermögen

- Spiele mit nur 1-2 Ballkontakten
  (Nur den Ball annehmen und abspielen, mehr Zeit hast du nicht)

- Torschussübungen gegen einen Gegner mit Sprint zum Ball
  Wer reagiert am schnellsten auf ein Zeichen des Trainers und schießt zuerst?

Orientierungsfähigkeit

- Technikübungen wie Passen, Ballmitnahme, Köpfen verbinden mit Drehungen, Sprüngen, Rollen

  Z. B.: Wirf den Ball hoch in die Luft. Während der Ball oben ist, machst du eine schnelle Rolle vorwärts, stehst blitzschnell auf und nimmst den Ball mit, bevor er auf den Boden springt

Gleichgewichtsfähigkeit

- Führe den Ball auf einem Bein hüpfend und passe oder schieße dabei mit dem anderen
- Führe den Ball balancierend über eine lange Bank

Rhythmusfähigkeit

- Dribble den Ball links und rechts mit verschiedenen Fußteilen im Zickzack vor dir her, sprich dabei leise für dich einen Rhythmus vor (1-2-3 ; 1-2-3)

Differenzierungsfähigkeit

- Trainiere mit unterschiedlich großen und schweren Bällen das Passen, Schießen, Dribbeln, Spielen oder Jonglieren

- Übe auf unterschiedlichen Belägen, wie Sand, Rasen, Parkett oder Kunstrasen

- Spiele auch ab und zu mit verschiedenen Bällen, wie Rugbybällen, Tennisbällen oder Softbällen

Fähigkeit zur Bewegungskombination/ Kopplungsfähigkeit

- Trainiere in Übungsverbindungen mit unterschiedlichen Techniken (Dribbling – Finte – Torschuss) und mit beiden Füßen (Schulung des schwachen Fußes)

Spezialtipp:
Trainiere die schnelle Beinarbeit, indem du über Stangen, Hütchen oder in Reifen springst und läufst. Dabei trainierst du die Fähigkeit, schnell zu handeln und deine Beine und Füße miteinander zu koordinieren.

Übungen dafür findest du auf der nächsten Seite.

So kannst du üben:

- Baue kleine Hürden (auch nur hingelegte Stangen sind gut) und laufe und hüpfe vorwärts, seitwärts und rückwärts zwischen ihnen

- Baue aus Reifen (alte Fahrradreifen eignen sich sehr gut und kosten nichts) einen Reifenparcours und laufe oder hüpfe sehr schnellkräftig auf dem Fußballen. Stell dir vor, die Reifen sind heiße Herdplatten und da musst du ganz schnell drüber

- Übe mit verschiedenen Fußkontakten je Reifen (z. B. in jedem nur einen, oder zwei oder Wechsel 1, 2 oder 1, 2, 3, 2, 1, 2, 3, 2, 1

Sonderaufgabe für die ganz Geschickten:

Legt sechs Reifen hintereinander auf den Boden (Halle oder Rasen).
Folgende, koordinativ schwierige Aufgabe gilt es zu lösen:

Reifen 1: Sprung mit beiden Füßen geschlossen hinein, Arme dabei zur Seite
Reifen 2: Sprung mit beiden Füßen gegrätscht hinein, Arme dabei nach oben
Reifen 3: Sprung mit beiden Füßen geschlossen hinein, Arme dabei zur Seite
Reifen 4: Sprung mit beiden Füßen gegrätscht hinein, Arme dabei nach oben
Reifen 5: Sprung mit beiden Füßen geschlossen hinein, Arme dabei zur Seite
Reifen 6: Sprung mit beiden Füßen gegrätscht hinein, Arme dabei nach oben

Wer das gut beherrscht, hat sehr gute koordinative Fähigkeiten und kann sich gut konzentrieren!

Erfindet noch mehr Kombinationen aus Laufen, Hüpfen, Springen und Armstellungen, nehmt auch mal einen Ball mit dazu (in den Händen halten oder prellen). Übt sie zu Hause und macht sie dann im Training der Mannschaft und dem Trainer vor.

Tipps für das Techniktraining

⚽ Aufmerksam zuhören und zuschauen, wenn die Technik erklärt und demonstriert wird!

⚽ Die Technik viele, viele Male im Training üben. Nach jeder Wiederholung selbst kontrollieren oder von anderen feststellen lassen, was noch verbessert werden muss.

⚽ In Ruhe die Abbildungen und Beschreibungen genau ansehen. Es hilft, wenn man die Technik einem anderen beschreiben, erklären und zeigen kann.

⚽ Probiere neue Techniken im Spiel aus. So kannst du sie gleich unter Wettkampfbedingungen üben.

⚽ Kontrolliert und helft euch gegenseitig!

Wie lange ein Fußballer üben muss, damit eine neue Technik perfekt klappt, ist, wie beim Lernen in der Schule, bei jedem unterschiedlich. Aber viel üben müssen alle. Am Ende sollte die Technik schnell, sauber und ohne Ablaufkontrolle, also automatisch, ausgeführt werden.

Häufiges Training führt dazu, dass die Abläufe in deinem Gehirn programmiert und abgespeichert werden. Fast so, als ob du ein Computerprogramm lädst, was später wieder abgerufen wird.

Wenn du dich im Training nicht anstrengst, die Übungen immer langsam und falsch wiederholst, dann werden die langsamen und falschen Abläufe gespeichert. Später, im schnellen Spiel, kannst du es dann nicht mehr besser, weil etwas Falsches automatisiert wurde.

Kontrollieren – Bewerten – Verbessern

Nichts Falsches lernen und automatisieren! Deshalb ist es notwendig, dass du den Ablauf einer neuen Technik kontrollieren lässt und die Fehler abstellst. Wie schnell das geht, hängt auch von deinen Zielen und deiner Motivation ab. Erinnerst du dich noch?

Max erlernt den Kopfball. Er hat gut aufgepasst und will alles, was der Trainer gesagt hat, beachten. Max strengt sich sehr an. Der Trainer beobachtet ihn und sagt dann: „Prima, Max, das machst du schon gut!" Max freut sich und übt weiter. Einige Trainingstage später schaut der Trainer wieder bei den Sprungübungen zu und meint: „Das sieht noch nicht gut aus! Du springst zu spät ab und hast zu wenig Bogenspannung im Körper!" Nun ist Max aber sauer! Er hat den Kopfball genauso gemacht wie vor einigen Tagen. Da hat der Trainer ihn gelobt und jetzt meckert er!

Du hast wahrscheinlich schon gemerkt, der Trainer hat in dieser Geschichte keinen Fehler gemacht. Er hat nur seine Bewertung der Situation und den Möglichkeiten angepasst.

Der Kopfball von Max war in der ersten Übungsstunde auf keinen Fall perfekt. Aber für das erste Mal schon recht gut und mutig. Später, nach vielen Wiederholungen, konnte man aber eine Verbesserung erwarten. Das nächste Teilziel hätte erreicht werden müssen.

Auf dem Weg zur schnellen und genauen Technik erreichst du viele Teilziele und jeder kleine Fehler wird beachtet und korrigiert. Die Bewertung durch den Trainer ist am besten, da er über das Fußballspiel und die Technik sehr gut Bescheid weiß.

Selbstkontrolle – Selbstbewertung

Da aber der Trainer nicht immer und nicht jeden gleichzeitig sehen kann, musst du öfter im Training ohne fremde Kontrolle trainieren. Du bemühst dich, die Hinweise des Trainers über einen längeren Zeitraum umzusetzen.

Höre gut zu, wenn er dir etwas sagt und merke dir seine Tipps.

Zuerst solltest du eine genaue Vorstellung von der neuen Technik haben. Dazu kannst du dir Abbildungen anschauen und den Trainer bei der Demonstration beobachten. Nutze die Möglichkeit, ältere und bessere Fußballer beim Training und im Spiel zu beobachten.

Vergleiche die richtige Ausführung mit deiner eigenen und stelle Abweichungen fest. Das sind dann die Fehler, die du abstellen willst. Merke dir Fehler, die dein Trainer schon bemängelt hat.

Stelle dir Ziele zum Üben. Wenn es gut klappt, dann lobe dich selbst und tadle dich, wenn du schon wieder den gleichen Fehler machst.

......6 Taktik

Was man unter Taktik versteht

Taktik ist das planvolle Vorgehen, um an ein bestimmtes Ziel zu gelangen. Dafür überlegst du dir die Vorgehensweise und die notwendigen Mittel, die du einsetzen willst.

Erkennst du dich wieder?

> *Max hat eine schlechte Schulnote bekommen und muss das irgendwie seiner Mutter gestehen.*
>
> *Er räumt zuerst sein Zimmer auf, danach bringt er den Müll weg und dann hilft er seiner Mutter beim Tischdecken. Wie nebenbei erzählt er ihr von der fehlgeschlagenen Klassenarbeit. Ganz zufällig hat er diese auch gleich dabei und den Stift für die Unterschrift auch.*
>
> *Ein Glück, sie hat nicht zu arg geschimpft!*

Na, kommt dir das bekannt vor? Es ist ja auch normal, wenn man zum Erfolg kommen will, sucht man sich die günstigste Situation, wartet auf den richtigen Moment oder bereitet die Bitte nach mehr Taschengeld oder einer neuen CD etwas vor. Du gehst sozusagen taktisch vor.

Taktik im Fußball

Erinnerst du dich an dein erstes Spiel oder deine ersten Versuche zu spielen? Weißt du noch, wie ihr alle hinter dem Ball hergerannt seid? Ungeordnet, ungestüm, wie ein Hühnerhaufen auf der Jagd nach einem Korn, wart ihr auf den Ball fixiert. Jeder wollte den Ball haben und ein Spiel kam eigentlich nicht zu Stande!

Aber du bist kein solcher Anfänger mehr, sondern du trainierst regelmäßig im Verein. Jetzt willst du richtig geordnet und gut mit deinen Mannschaftskameraden zusammenspielen. Also weg vom Hühnerhaufen, hin zu einem taktisch geführten Spiel.

Taktik – der Plan zum Sieg

Taktik ist das Vorgehen oder der Plan einer Mannschaft und die darin enthaltenen Aufgaben ihrer einzelnen Spieler, einen Gegner im Spiel möglichst zu besiegen. Wir unterscheiden zwischen der Mannschaftstaktik und der Taktik für einzelne Spieler auf bestimmten Positionen.

Für die Taktik einer Mannschaft ist es zunächst wichtig, dass alle Spieler auf ihren Positionen wissen, was sie zu tun haben, worin ihre Hauptaufgaben bestehen. Nicht alle können gleichzeitig Tore schießen. Bei Ballverlust muss es auch Spieler geben, die für das Toreverhindern zuständig sind. Der Trainer wird mit euch gemeinsam vor jedem Spiel eine „geheime Abmachung" vereinbaren, wie ihr den Gegner besiegen könnt.

Darin enthalten ist:

- Das Ziel des Spiels (meistens ist es der Sieg)
- Das Vorgehen der gesamten Mannschaft
- Das Verhalten und die Aufgaben jedes Einzelnen auf seiner Position

Paul schießt aufs Tor, obwohl er gar keine gute Schussposition hat, Max dribbelt vor dem eigenen Tor, verliert den Ball und der Gegner kann problemlos ins Tor schießen. Philip deckt seinen Gegenspieler nicht, der kann unbedrängt aufs Tor dribbeln.

Was ist hier passiert? Es gab keine abgestimmte Anordnung in der Spielweise der Mannschaft. So werden sie ihr Spiel verlieren, denn es macht jeder, was er will und es kommt kein Spiel zu Stande.

Vor dem Spiel wird festgelegt, wer auf welchen Positionen spielt. Dafür haben sich verschiedene *Spielsysteme* bewährt. Auf den Zeichnungen sind das 4-3-3- und das 3-4-3-System für Spiele 11:11 auf dem Großfeld dargestellt.

Wie sieht eure Anfangsformation aus? Zeichne die Aufstellung hier ein.

Taktiktraining

Ihr lernt und trainiert bei der taktischen Schulung durch den Trainer, dass ...

... zum Fußballspiel bei Ballbesitz ein geordnetes Zusammenspiel gehört, ein Kombinieren von hinten aus der Abwehr (Spieleröffnung), über das Mittelfeld (Spielaufbau), bis nach vorn zu den Stürmern (Angriffsabschluss).

... bei Ballverlust der Gegner das Gleiche versucht und ihr deshalb Verhaltensweisen und Handlungen lernen werdet, die euch als Balljäger (Kampf um den Ballbesitz) auszeichnen.

... Fußball auf Positionen bzw. Positionsgruppen gespielt wird, ohne deren disziplinierte Einhaltung kein geordnetes Zusammenspiel möglich ist.

... Fußball ein Zweikampfspiel ist. Im Zweikampf Mann gegen Mann löst sich die große Spielidee Mannschaft gegen Mannschaft um Sieg und Niederlage auf. Der Zweikampf ist die kleinste Einheit des Fußballspiels und die Anzahl der gewonnenen Zweikämpfe entscheidet meistens über den Erfolg. Dabei ist es wichtig, dass die Spieler mutig und mit Einsatz in die Zweikämpfe gehen.

... bei Ballverlust mit fairen Mitteln um dessen Rückeroberung gekämpft und bei Ballbesitz der Gegner mittels geschickter Taktik (Täuschungen/Finten) ausgespielt wird.

Damit ihr nicht alles auf einmal trainiert, werden euch eure Trainer helfen und bestimmte Schwerpunkte für das Training auswählen. Dabei könnt ihr euer eigenes technisch-taktisches Verhalten üben und trainieren.

Für ein geordnetes Fußballspiel brauchst du neben den technischen Fertigkeiten ein taktisches Grundverhalten, das du im Laufe deiner Entwicklung erlernst und das in seiner Gesamtheit letztlich die Fußballmannschaft vom „Hühnerhaufen" unterscheidet.

Welche taktischen Hinweise könnte der Trainer seinen Spielern zurufen? Fülle die Kästchen aus!

Tipps zum taktischen Verhalten

Spiel ohne Ball/das Freilaufen
- Dreiecksbildung sichert dem Ballbesitzer immer zwei Abspielmöglichkeiten
- Auf den Ball zulaufen, hin zum Spieler am Ball
- In einen freien Raum laufen und heraus aus dem Deckungswinkel
- Nicht nach vorn weglaufen, vor dem Ball ausreißen, ohne Blickkontakt zu Ball und Mitspieler
- Nicht im Rücken des ballbesitzenden Mitspielers freilaufen
- Abspielmoment und -richtung bestimmt der sich freilaufende Mitspieler
- Freilaufen nie ohne das Verhalten des Mitspielers zu beachten

Zusammenspiel
- Abspiel zum besser postierten (freien) Mitspieler geht vor Dribbling
- Laufe links, spiele rechts und umgekehrt
- Spiele den Ball deinem Mitspieler in den Lauf oder auf den Fuß
- Das Spiel in den Raum oder in den Rücken des Gegners bestimmt den Laufweg des Mitspielers
- Spiele nie quer durch den Strafraum, sondern immer vom eigenen Tor weg
- Verbinde das Dribbling mit Täuschungshandlungen und Finten

Torschuss
- Schließe möglichst jeden Angriff mit einem Torschuss ab
- Schieße aus allen Lagen, aber nicht überhastet und wenn der Raum zugestellt ist
- Verbinde den Torschuss mit Täuschungshandlungen und Ausholfinten

Zweikampfverhalten
- Störe den Gegner bei der Ballannahme
- Decke die innere Linie
- Spiele nach dem Ballgewinn sofort den freien Mitspieler an (Spieleröffnung) oder dribble in den freien Raum
- Schalte bei Ballverlust sofort auf Abwehr um (Ballrückerkämpfung)
- Je näher das Tor ist, umso enger ist die Deckung und die Bewachung der Gegner
- Übertreibe das Dribbling nicht – nutze es aber, um den Gegner gezielt auszuspielen.

Lerne gleich zu Beginn deiner Fußballerlaufbahn folgende wichtigen Merksätze für dein taktisches Spielverhalten! Natürlich geht das wie bei der Technik nicht gleich alles auf einmal. Es geht Stück für Stück. Wer im Training durchhält, wird immer besser!

- Gewinne möglichst den ersten Zweikampf!
- Spiele möglichst den ersten Pass zum Mitspieler!
- Führe bei deinen Spielhandlungen stets den ersten Gedanken aus!
- Störe den Gegner bei der Ballannahme!
- Greife den Gegner nicht zu überhastet an, mache nicht den ersten Schritt!
- Spiele nie quer zum oder durch den Strafraum, Querpässe stets vom Gegner weg!
- Decke die innere Linie!
- Abspiel geht vor Dribbling!
- Erfordert es die Situation, dann nutze dies für ein fintenreiches Dribbling und einen erfolgreichen Zweikampf!
- Im Angriff zügig dribbeln, nicht zum Stehen kommen!
- Bringe den Körper zwischen Ball und Gegner!
- In der Abwehr hohe Sicherheit und kleines Risiko!
- Im Angriff hohes Risiko und geringere Sicherheit!

Sag, was ist euer Trick, wenn du mit dem Ball vorm Tor stehst?

Ganz einfach: Tom hält den Tormann fest, Ulf den Abwehrspieler und Mark wirft sich den anderen entgegen. Nun kann ich ungestört treffen!

Was meinst du dazu?

Die Taktik auf den einzelnen Positionen

Die Abwehr

Die Abwehr ist die Defensivabteilung einer Mannschaft. Ihre speziellen Aufgaben sind das Decken, das Verhindern der gegnerischen Torschüsse und das Ausschalten der Stürmer. Gelangen die Verteidiger in Ballbesitz, so sind sie im heutigen Fußball an der Offensive, dem Spiel nach vorn, beteiligt. Sie schießen mitunter sogar Tore.

Abwehrvarianten zur Deckung der gegnerischen Angreifer

Die Manndeckung
Jeder Abwehrspieler deckt einen bestimmten Gegenspieler, der auf der gegenüberstehenden Position spielt.

Die Raumdeckung
Jeder Abwehrspieler erhält einen bestimmten Raum, für den er als Deckungsspieler verantwortlich ist. Er greift denjenigen Gegenspieler an, der in seinem Deckungsraum auftaucht.

Am besten spielen Teams, die beide Techniken kombinieren. Weder eine sture Manndeckung ist sinnvoll noch eine riskante Raumdeckung, bei der der Gegner bei ungenauer Zuordnung der Aufgaben und Räume akute Torgefahr heraufbeschwören kann.

Das Mittelfeld

Im Mittelfeld wird das Spiel gemacht. Hier befindet sich das „Hirn" oder der „Motor" der Mannschaft. Das Mittelfeld ist für den eigenen Spielaufbau, die Vorbereitung der Angriffe auf das gegnerische Tor und auch für die Unterstützung der Abwehr bei gegnerischen Angriffen verantwortlich.

Hier sind die technisch geschicktesten, taktisch klügsten und konditionell stärksten Spieler einzusetzen. Sie müssen ständig anspielbereit sein, den Gegner geschickt täuschen und in die Irre führen. Weitschüsse machen sie torgefährlich und sie sind sich nicht zu schade, große Laufwege nach vorn und nach hinten zurückzulegen. Michael Ballack ist so ein hervorragender Mittelfeldspieler, den wohl viele Mannschaften gerne in ihren Reihen sehen würden.

Das Mittelfeld postiert sich heutzutage im modernen Großfeldfußball als Vierer- oder Fünferkette oder früher als Reihe mit drei Spielern (je einer rechts, zentral und links). Im Kleinfeldfußball (7:7 oder 8:8) sollte man mit drei Mittelfeldspielern spielen. Einer spielt rechts, einer zentral als Spielmacher (offensiv und defensiv) und einer links. Die beiden Außenspieler haben die Aufgaben sowohl den Angriff als auch die Abwehr auf ihrer Seite zu unterstützen und das Spiel nach vorn über die Außenbahnen des Spielfeldes anzukurbeln.

Der Angriff

Der Angriff ist die Offensivabteilung der Mannschaft und speziell für das Toreschießen verantwortlich. Tore sind der Garant für den Sieg, das Salz in der Suppe eines jeden Spiels. Ohne Tore wäre Fußball langweilig und bei weitem nicht so beliebt. Beliebt sind deshalb gerade die Torschützen und Stürmer einer jeden Mannschaft bei ihren Fans. Die Stürmer haben es heute sehr schwer, weil sie oftmals sehr eng und scharf gedeckt werden. Sie müssen deshalb sehr dribbelstark, ballsicher, fintenreich und schnell sein, um ihren Gegnern zu entwischen. Ein guter Stürmer benötigt so genannten *Torinstinkt*. Das bedeutet, den Ball eiskalt ins Tor zu schießen,

jede Chance schnell zu nutzen und immer rechtzeitig da zu sein, wenn sich eine Schussgelegenheit bietet. Stürmer haben aber auch Abwehraufgaben. Sobald ein Spieler einen Ball verloren hat, beginnt für alle die Verteidigung. Die Mannschaft schaltet sofort von Angriff auf Abwehr um. Die Stürmer sind dabei die ersten Verteidiger, indem sie bei Ballverlust schon in der Hälfte des Gegners um die Rückeroberung des Balls kämpfen. *Pressing* oder *Forechecking* nennt man das im heutigen modernen Fußball.

Im Jugendfußball sollte immer mit drei Stürmern gespielt werden, d. h. einer als Rechtsaußen, einer zentral als Mittelstürmer und einer als Linksaußen. Die beiden Außenstürmer haben die Aufgabe, auf ihrer Seite anzugreifen und torgefährlich nach innen zu spielen. Dort stehen der Mittelstürmer oder andere nachgerückte Mittelfeldspieler oder Verteidiger zum Torschuss bereit.

Der Mittelstürmer hat die Aufgabe, aus möglichst jeder sich bietenden Gelegenheit auf das Tor zu schießen oder zu köpfen. Er muss die Abwehr beschäftigen. Wenn er zu eng gedeckt wird, weicht er nach hinten oder auf die Flügel aus, um anderen in der Mitte Platz zu machen.

Standardsituationen

Das sind jene Aktionen, die folgen, wenn ...
... der Ball ins Aus geht (*Einwurf, Eckstoß, Abstoß*).
... der Schiedsrichter wegen Foulspiel unterbricht (*Freistoß, Strafstoß*).
... das Spiel zu Beginn und nach der Halbzeit neu beginnt oder ein Tor gefallen ist (*Anstoß*).

Standardsituationen wiederholen sich in jedem Spiel und gehören deshalb zum Standard eines Fußballspiels. Sie sind etwas Besonderes, weil der Ball vorher immer ruht bzw. nicht mehr im Spiel war!

•••••••••••••••••••••••••••••••••• 7 KONDITION

> *Max geht zum Arzt, weil er denkt, mit seinem Körper ist etwas nicht in Ordnung. „Ich weiß auch nicht, was mit mir los ist. Nach dem Trainingsspiel war ich total erschöpft. Mir war schwindelig und fast schwarz vor Augen, ich hatte einen Krampf in der Wade und die Arme und Beine schmerzten."*
>
> *„Da hast du bestimmt nicht ausreichend trainiert!"*
>
> *„Doch! 3 x in der Woche gehe ich zum Training. Dort übe ich die Schusstechnik, die Ballannahme und das Dribbling."*

Was wird der Arzt Max wohl sagen? Klar, er hat das Konditionstraining vergessen! So hat er keine Ausdauer, keine Kraft und die Gelenke sind ganz unbeweglich. Sein Körper ist überhaupt nicht an das Laufen über die Dauer von zwei Halbzeiten gewöhnt.

Was man unter Kondition versteht

Mit dem Begriff *Kondition* bezeichnet man vor allem die körperlichen Fähigkeiten. Die Kondition entscheidet darüber, wie fit du bist, welche Ausdauer du hast oder welche Belastung du verträgst. Ob deine Kondition gut ist oder nicht, merkst du daran, wie schnell du nach einem kurzen Lauf außer Puste bist, wie lange du eine sportliche Belastung durchhältst, ohne dass die Beine schmerzen oder wie schnell du ermüdest. Gute Kondition kannst du neben dem Fußballspielen bei der Ausübung verschiedener Sportarten sowie beim Schulsport erwerben.

E	I	S	S	C	H	N	E	L	L	L	A	U	F	E	D
S	G	D	H	A	S	C	H	W	I	M	M	E	N	I	G
A	E	E	R	P	Ä	Z	U	H	T	E	N	N	I	S	A
Q	H	D	V	Y	E	W	G	U	V	B	Q	W	D	K	O
S	E	H	I	P	W	U	Z	E	T	R	O	M	Ü	U	L
X	N	U	T	R	V	E	Q	N	W	D	G	A	J	N	V
C	T	R	O	P	S	D	A	R	U	D	E	R	N	S	S
A	H	I	O	P	R	E	S	A	F	G	Z	A	V	T	A
A	B	F	A	H	R	T	S	L	A	U	F	T	L	L	F
N	D	F	U	H	B	E	R	T	K	I	Ä	H	K	A	X
A	S	E	R	I	O	Ü	L	J	A	G	D	O	W	U	O
Q	G	N	I	T	A	K	S	E	N	I	L	N	I	F	Ä
S	K	I	L	A	N	G	L	A	U	F	C	L	Ü	K	J
F	U	A	L	N	E	K	C	E	R	T	S	G	N	A	L

Finde waagerecht, senkrecht, vorwärts und rückwärts Sportarten, die Ausdauer erfordern und mit denen du neben dem Spiel deine Ausdauer trainieren kannst.

Die konditionellen Fähigkeiten

Man kann die konditionellen Fähigkeiten, die der Fußballer benötigt, um rundherum in einem guten Zustand zu sein, aufgliedern. Wir nennen sie die **Ausdauer**, die **Schnelligkeit** und die **Kraft**. Diese wollen wir jetzt ein wenig genauer erläutern.

Ausdauer

Ausdauer ist die Leistungsvoraussetzung, die man benötigt, um lang andauernde Belastungen zu bewältigen, ohne schnell zu ermüden. Wer eine gute Ausdauer hat, hält über lange Zeit körperliche Belastung durch, ist körperlich fit, erholt sich nach Training und Spiel schneller und kann sich länger konzentrieren. Beim Fußballspiel musst du fast ununterbrochen laufen und immer wieder Sprints einlegen.

Außerhalb des Fußballplatzes kannst du deine Ausdauer vor allem durch Dauerläufe ausbilden. Du solltest mindestens 15 Minuten und das 2-3 x in der Woche ununterbrochen, gleichmäßig oder mit wechselndem Tempo laufen. Auch Rad fahren, Seilspringen, Inlineskaten, Ballspiele, Hockey, Wintersport und Fußball in allen Varianten eignen sich hervorragend.

Schnelligkeit

Schnelligkeit ist die Fähigkeit, die du brauchst, um eine Bewegung mit bestmöglicher Beschleunigung und Geschwindigkeit auszuführen. Blitzschnell willst du den Gegenspieler verfolgen oder mit dem Ball davonlaufen. Der sprintschnellste Spieler gewinnt meistens den Zweikampf, ist zuerst am Ball und schneidet dem gegnerischen Stürmer den Weg ab.

Alle Aktionen im Training musst du schnell ausführen. Trainierst du nur mit halber Kraft, dann kannst du es im Spiel auch nicht viel schneller.

Kraft

Kraft wird benötigt, wenn etwas Schweres bewegt werden soll. So zum Beispiel durch Heben, Stoßen, Ziehen oder Schieben von Gewichten, auch deines eigenen Körpers. Du brauchst die Kraft in den Beinen für den Torschuss, den schnellen Sprint und für einen hohen Absprung zum Kopfball. Die Kraft kannst du gut beim Fußballspiel trainieren. Doch auch außerhalb des Spielfeldes und des Trainings hast du viele Möglichkeiten mit Bändern oder deinem eigenen Körpergewicht.

Für einfache Kraftübungen brauchst du eigentlich gar keine Hilfsmittel. Das Gewicht deines Körpers ist schon ausreichend für Übungen wie: Liegestütze, Situps, Kniebeugen oder Seilsprünge.

Weitere Übungen, auch mit Hilfsmitteln, findest du im Buch.

Übungen mit dem Gummiband

Um die Kraft zu trainieren, hat sich bei vielen Fußballern dieses recht einfache, aber vielfältig einsetzbare Sportgerät bewährt. Das ca. 120 cm lange und 15 cm breite Gummiband ist nicht teuer und nimmt wenig Platz weg. Es passt auch in jede Tasche. Das Band gibt es bei verschiedenen Herstellern unter unterschiedlichen Produktnamen.

Hier sind einige Beispielübungen.
Vergiss das Erwärmen nicht!

Wie sieht es mit deiner Ausdauer, deiner Sprint-schnelligkeit, deiner Sprungkraft und der Wendigkeit aus? Das beste und vielseitigste Training hast du im Spiel.

Aber darüber hinaus kannst du noch zusätzliche Übungen ausführen.

❶ Langstreckenlauf

Wähle dir eine feste Strecke von ca. 2.000 m. Wenn du die Länge genau wissen willst, kannst du die Streckenlänge mit dem Kilometerzähler vom Fahrrad oder vom Auto abmessen. Es reicht aber auch, die Strecke zu schätzen. Sie kann natürlich auch länger sein. Wichtig für die Leistungs-kontrolle ist, dass du immer die gleiche Strecke läufst. Notiere dir 1 x pro Woche die Zeiten.

❷ Sprintübungen

Wenn du beim Joggen bist, dann starte aus dem gleichmäßigen Laufen kurze Sprints. Suche dir Bäume, Verkehrsschilder oder Kreuzungen als Start- und Zielmarkierungen. Laufe das Stück dazwischen so schnell du kannst.

Markiere auf einem Weg oder einer ruhigen Straße eine Strecke von ca. 10-30 m (achte darauf, dass du die Markierungen immer wieder findest!). Suche dir einen Helfer, der deine Sprintzeiten stoppt und das Startkommando gibt.

❸ Sprünge

Diese Übung verbessert die Sprungkraft der Bein- und Hüftmuskulatur. Aus der leicht gebeugten Kniestellung springst du mit kräftigem Arm-schwung so hoch und weit wie möglich.

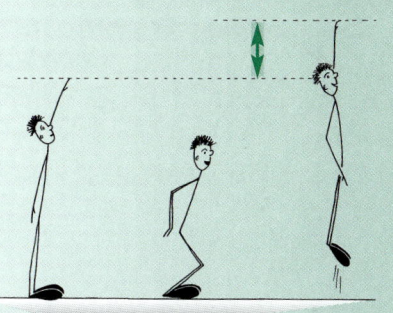

 ### Strecksprung (Schnellkraft)

Stelle dich auf den ganzen Fußsohlen an eine Wand oder einen Pfahl. Strecke den Arm, so hoch du kannst und markiere diese Reichhöhe mit Klebestreifen oder Kreide. Jetzt springst du mit beiden Beinen so kräftig vertikal nach oben ab, wie du kannst (maximale Höhe).

Markiere die Sprunghöhe an der höchsten Stelle, die du mit der Hand erreichst. (Wenn du allein übst, dann nimm ein Stück Kreide in die Hand o. Ä. und markiere beim Sprung die Höhe. Vorsicht mit der guten Tapete im Wohnzimmer oder mit der weißen Mauer beim Nachbarn!) Die Differenz zwischen Reichhöhe und Sprunghöhe ist die Sprungleistung.

 ### Liegestützbeugen (Kraft/Arme)

Die Hände sind schulterbreit auseinander und der Körper gestreckt. Lege unter das Gesicht ein dünneres Kissen oder eine Matte. Die Liegestütze werden ohne Pause ausgeführt, wobei das Kinn immer das Kissen berühren soll.

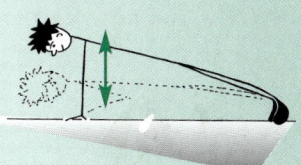

 ### Rumpfheben aus der Rückenlage (Kraft/Bauch)

Du liegst auf dem Rücken, die Arme sind im Nacken und die Beine sind ca. 90° gebeugt. Der Körper wird ohne Pause zur Senkrechten aufgerichtet und wieder gesenkt.

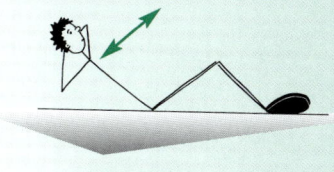

Zusätzliches Training

Achte darauf, dass du nicht einseitig trainierst, sondern einen ausgewogenen Trainingsplan einhältst. Besprich dies mit deinem Trainer. Ein Fußballer hat einen schönen, muskulösen Körper, aber er ist kein Bodybuilder. Viele erfolgreiche Fußballer trainieren außerhalb des festen Trainings zu Hause ihre Kondition.

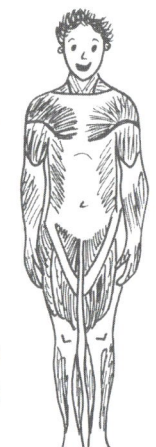

Trage deine zusätzlichen Übungen hier ein! Kreuze die Häufigkeit an! Der Trainer gibt dir bestimmt auch Hausaufgaben.

	selten	1 x pro Woche	täglich
Kraft			
Ausdauer			
Schnelligkeit			

Darstellung der persönlichen Leistungen

Auch allein kannst du ab und zu deine Leistungen kontrollieren. Das macht Spaß, weil bei gutem Training jedes Mal bessere Ergebnisse herauskommen (meistens!). Die Ergebnisse der Kontrollübungen lassen sich wie auch alle anderen Trainings- und Wettkampfergebnisse in einem Diagramm darstellen. Sicher kennst du die Art der Darstellung schon aus dem Mathematik- oder Physikunterricht. Kommst du nicht gleich am Anfang klar, dann lass dir helfen!

Nimm ein kariertes Heft (noch besser wäre Millimeterpapier) und zeichne Diagramme. Die Einteilung der x-Achse für die Zeit kann auch Wochen oder Monate sein. Die Einteilung der y-Achse ist, abhängig von der Disziplin, die du eintragen willst, z. B. Sekunden, Wiederholungen oder Zentimeter.

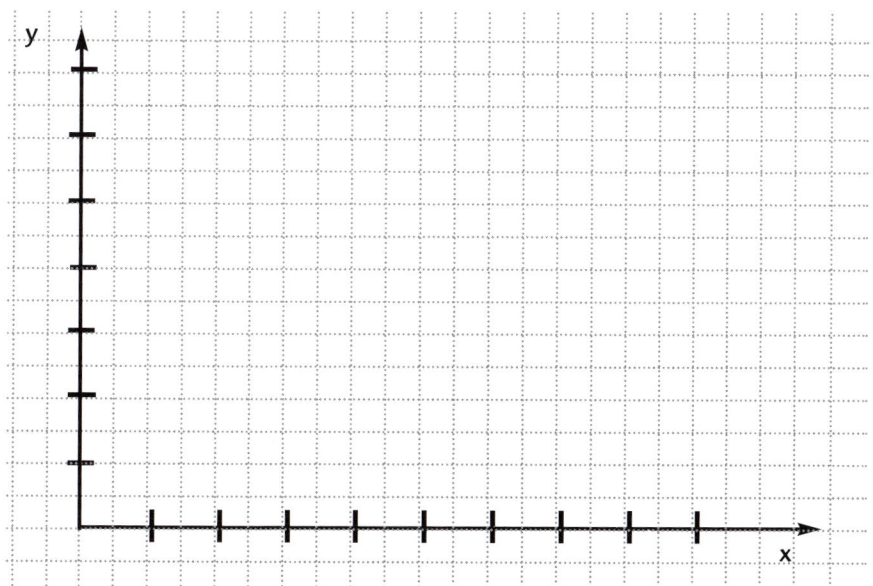

Erwärmen – Dehnen – Lockern

Gleichgültig, ob du mit dem Training beginnst, Übungen daheim ausführen willst oder ein Spiel stattfindet – diese Regel gilt immer! Es ist wichtig, dass du deinen Körper auf die bevorstehende Belastung einstellst. Nach einem Schultag oder einem erholsamen Schlaf sind deine Muskeln noch relativ kalt und steif, auch deine Atmung und dein Puls sind noch auf „Normalbetrieb". Langsam wird alles auf das Training und Spiel vorbereitet. Wenn dann das Spiel angepfiffen wird, ist dein „Motor schon heiß" und du kannst mit ganzer Kraft durchstarten.

Erwärmung

Wie es das Wort schon sagt – man macht sich warm! Durch schnellere und vielfältige Übungen werden deine Muskeln besser durchblutet und leistungsbereiter gemacht. Ein Zeichen dafür ist Lockerheit, Beweglichkeit, eine leichte Rötung der Haut und Schweißbildung. So wird Verletzungen, wie zum Beispiel einer Zerrung, vorgebeugt.

Für die Erwärmung sind alle Bewegungen gut, die dich in Schwung bringen: *Laufen, leichte Sprünge, Aerobic, Ballspiele, Staffelwettbewerbe oder lockeres Einspielen.*

Muskeldehnung

Die Beweglichkeit wird vor allem durch Muskeldehnungen verbessert. Beim Dehnen wird die Muskelgruppe sehr stark gestreckt, die gerade gearbeitet hat.

Hier sind einige Übungen zur Dehnung der Fußballermuskeln. Kannst du sie spüren? Viel Spaß!

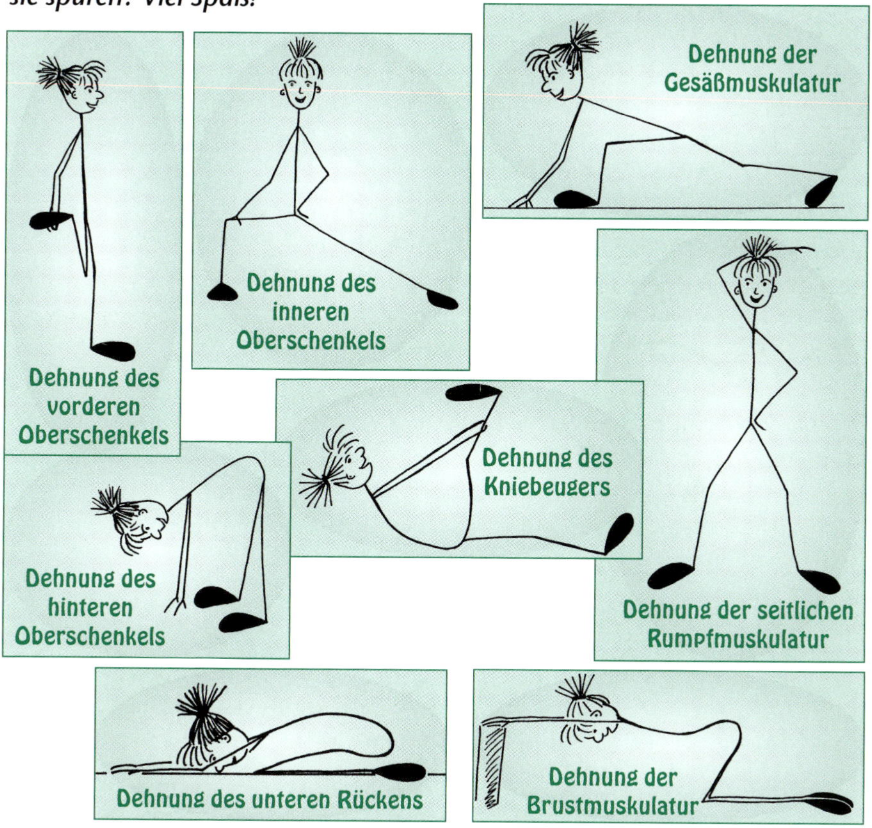

Dehnung der Gesäßmuskulatur

Dehnung des inneren Oberschenkels

Dehnung des vorderen Oberschenkels

Dehnung des Kniebeugers

Dehnung des hinteren Oberschenkels

Dehnung der seitlichen Rumpfmuskulatur

Dehnung des unteren Rückens

Dehnung der Brustmuskulatur

Zähle bei jeder Dehnung bis 20, lockere die Muskeln und wiederhole die Dehnung noch einmal. Nicht nachfedern! Die Übungen sollen die Muskeln dehnen – es darf nicht schmerzen!

Lockerung

Obwohl du dich ausreichend erwärmt und gedehnt hast, sind die Muskeln nach einem anstrengenden Training oft hart und verspannt. Nun ist es nach der abschließenden Dehnung notwendig, sie zu lockern. Meistens macht man solche Übungen schon automatisch. Du schüttelst Arme, Beine, Hände aus und bewegst die Gelenke leicht in alle Richtungen. Auch leichtes Laufen oder Springen dient der Lockerung.

 *In dieser Vorbereitungszeit werden aber nicht nur deine Muskeln erwärmt und dein ganzer Körper in Schwung gebracht, sondern auch dein Kopf stellt sich auf die bevorstehende Belastung ein.*

Dabei schüttelst du alle Sorgen und Probleme ab, wirst frei und aufnahmebereit für das, was kommt.

Das Fußballer-Erwärmungsprogramm

Dass eine gute Erwärmung vor dem Training und vor allem vor dem Spiel wichtig ist, das weißt du ja nun schon. Am besten ist es, wenn alle Spieler der Mannschaft ein gemeinsames Erwärmungsprogramm vor dem Spiel haben. Das macht Spaß und „schweißt zusammen". Gemeinsam bereitet ihr euch vor, denn gemeinsam wollt ihr siegen!

So könnte ein Erwärmungsprogramm aussehen

Übungen zur Erwärmung des gesamten Körpers
- *Laufen, Gymnastik, Dehnungsübungen*
- *Kurze Sprints, Steigerungsläufe*

5 min

Übungen mit dem Ball in der Gruppe
- *Zuspiel mit der Innenseite durch den Kreis und Platzwechsel*
- *Doppelpässe, Kurzpassfolgen und längere Pässe in Zweiergruppen*

7 min

Übungen in spielähnlichen Situationen
- *5:5 oder als Freilauf-Deckungsform auf einem begrenzten Spielfeld*

5 min

Gemeinsame Entspannung
- *Dehnungsübungen*
- *Ritual*

2min

Viele Mannschaften haben als Abschluss der Erwärmung und kurz vor dem Anpfiff ein gemeinsames Ritual. Sie legen sich im Kreis die Arme auf die Schultern und rufen einen Spruch. Gibt es das bei euch auch? Wie heißt er?

............8 PSYCHISCHE FÄHIGKEITEN

Wie kommt es, dass die Menschen Freude und Trauer empfinden können, dass sie sich verlieben oder jemanden hassen?

Wie kommt es, dass die Menschen denken, sich erinnern und träumen können?

Schon immer hat man wissen wollen, was da in unserem Kopf passiert. Man konnte es sich nicht erklären und hat das Ganze *Seele* genannt. Der berühmte Mediziner Rudolf Virchow (1821-1902) hat einmal seine Studenten aufgefordert, die Seele im menschlichen Körper zu suchen. Aber was sie bei den zu sezierenden Leichen fanden, waren das Gehirn, das Herz, die Lunge, die Leber und alle anderen Organe. Aber eine Seele fanden sie nicht. Diese konnte auch nicht gefunden werden, weil das Wahrnehmen und Vorstellen, das Denken und Entscheiden sowie das Fühlen und Wollen Ergebnisse der Tätigkeit unseres Gehirns sind. Die Wissenschaft, die sich damit beschäftigt, heißt *Psychologie* und der alte Begriff der Seele wurde durch das Wort *Psyche* ersetzt.

Mit *psychischen Fähigkeiten* ist somit gemeint, wie der Fußballer mit Freude, Ärger, Wut, Aufregung, Siegeswillen, Angst und den vielen anderen Gefühlen umgehen und sie im Training und im Spiel nützlich und erfolgreich einsetzen kann. In der Psychologie wird auch untersucht, wie das Denken abläuft und wie unsere Muskeln Befehle erhalten. Wir stellen uns unser Gehirn als Computer vor, der alles steuert. Während des Fußballspiels läuft dein „Computer" auf Hochtouren, daher muss auch er gut trainiert sein.

Wie sieht das Innere unseres „Computers" aus?

Wir wollen hier kein medizinisches Buch schreiben. Außerdem ist die Sache mit dem Gehirn viel zu kompliziert und zu umfangreich, um es in einem kleinen Kapitel zu beschreiben. Aber manche Leute denken wirklich, dass Sport nur eine Sache der Muskeln sei. Sie wissen nicht, dass die Impulse für die Muskeln vom Gehirn kommen und dass jede komplizierte sportliche Bewegung und Handlung durch Nervenverbindungen im Gehirn gesteuert wird. Damit du die Bedeutung deines Gehirns beim Spielen erkennst, dürfen wir solch ein Kapitel in diesem Trainingsbuch aber auch auf keinen Fall weglassen.

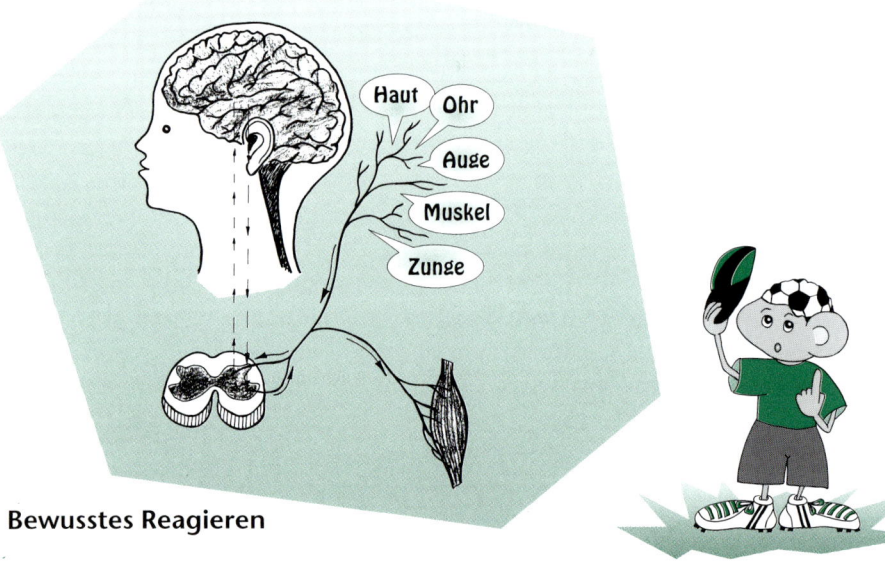

Haut Ohr Auge Muskel Zunge

Bewusstes Reagieren

Über die Sinnesorgane werden Informationen aufgenommen. Du siehst etwas, hörst, schmeckst und fühlst. Diese Informationen werden dann über die Nervenbahnen zum Gehirn weitergeleitet. Nach einer Kontrolle der eingehenden Reize werden sie mit Erfahrungen verglichen und gedanklich verarbeitet. Auf den Nervenbahnen gelangen die Befehle über das Rückenmark (das ist die Schaltstelle) an die Muskeln.

Tipps für das Spiel

 Gewinne möglichst den ersten Zweikampf
- Das gibt dir Selbstvertrauen!
- Das Selbstvertrauen deines Gegners wird geschwächt!
- Verschaffe dir von Anfang an Respekt!

 Reaktion bei einem Tor
- Freude, Jubel, Umarmung – genießt den Triumph!
- Das Zusammenspiel und der Abschluss haben gut geklappt – die Abwehr und der Tormann konnten umspielt werden – weiter so!
- Nicht übermütig werden! Schnell wieder auf die Abwehr und auf den neuen Angriff konzentrieren!

 Reaktion bei einem Gegentor
- Irgendetwas ist bei der Abwehr schief gelaufen!
- Sage dir dabei: „Macht nichts!", „Kein Problem!", „Nun holen wir aber auf!"
- Das Gegentor ist ärgerlich, aber ein Spiel geht bis zum Abpfiff – es ist noch alles drin!

 Wenn die Kondition nachlässt
- Während eines langen Spiels kommst du an Tiefpunkte, an denen die Beine schwer werden und die Kraft nachlässt – gib dich nicht auf!
- Überwinde deine körperliche Schwäche und kämpfe bis zum Abpfiff mit aller Kraft!
- Auch dein Gegner wird müde!

Beobachte erfolgreiche Fußballer beim Entspannen und Konzentrieren vor dem Spiel, bei der Einwechslung, beim Tor und beim Gegentor. Versuche, sie nachzuahmen und finde heraus, was dir selbst angenehm ist. Übe diese Rituale und führe sie immer wieder aus.

Psychische Stärke

Manche sagen: „Selbstvertrauen ist der halbe Sieg!" So einfach ist das natürlich nicht, aber genügend Wahrheit ist schon in diesem Spruch. Der eine, der selbstbewusst, voller Freude und Elan an eine Sache herangeht, hat natürlich mehr Chancen auf Erfolg als der andere, der ängstlich ist und zweifelt.

Du darfst aber nicht übermütig werden und vor lauter Selbstbewusstsein Fehler machen!

Welche der folgenden Eigenschaften und Einstellungen kannst du als Fußballer gebrauchen und welche sind eher etwas hinderlich? Streiche durch, wovon du nicht so viel haben möchtest.

Selbstbewusstsein – Spaß am Spielen – Selbstzweifel – blinde Wut – Risikobereitschaft – Lockerheit – Angst, einen Fehler zu machen – Ehrgeiz – Siegeswille – Vertrauen in die eigene Leistung – Pessimismus – schlechte Laune – sich gut in Form fühlen – Konzentrationsfähigkeit

Voraussetzungen für ein erfolgreiches Spiel

 Körperliche Topform

Du hast gut trainiert, fühlst dich stark, locker, entspannt und voller Energie. Du hast ein gutes Gefühl, bist etwas aufgeregt, aber nicht ängstlich oder nervös.

 Geistige Topform

Du freust dich auf das Spiel und willst mit deiner Mannschaft gewinnen. Du bist sicher, dass du deine Ziele erreichst, hast aber auch keine Angst vor einer Niederlage.

 Siegerdenken

Du solltest positiv und optimistisch denken. Statt bei einem verlorenen Zweikampf oder einem verschossenen Ball zu sagen: „Heute wird das nichts mehr!", solltest du dir sagen: „Ich will ein Tor schießen und mit meiner Mannschaft gewinnen! Bis zum Abpfiff ist noch nichts verloren!"

 Siegerhaltung

Schau dir noch einmal die beiden Figuren auf Seite 86 an. Wem würdest du eher den Sieg zutrauen? Ja, sicher, dem mit der aufrechten, selbstbewussten Haltung. Zeig den anderen, dass du Selbstvertrauen hast, auch wenn mal was schief geht.

Auch der beste Fußballer verliert einmal

Wenn du die Zweikämpfe verlierst, vom Gegner abgehängt wirst und immer am Torhüter scheiterst, musst du dich fragen, woran es lag. Vielleicht waren die Gegner älter als du. Sie haben schon länger trainiert und sind deshalb stärker. Dann ärgere dich nicht, sondern trainiere weiter. Wenn du gut bist, holst du sie irgendwann ein. Freue dich über persönliche Bestleistungen.

Bist du aber der Meinung, es hätte mehr drin sein müssen, dann denke über die Gründe und Ursachen nach.

Dabei hilft dir eine Übersicht, in der die Gründe für deine schlechten Leistungen aufgeschrieben werden.

Wann ich mit meiner Spielleistung unzufrieden war.	Was waren die Gründe?	Was will ich in nächster Zeit tun?
3. August Spiel gegen Neustadt	*Ich habe sehr oft den Ball verloren.*	*Dribbling üben*
22. September Spiel gegen Kirchberg	*Ich war in der zweiten Halbzeit total erschöpft.*	*In Trainingsspielen aktiver sein, Ausdauerläufe*

Selbst gewählter Druck bildet psychische Stärke

Was denkst du, wenn du die Geschichte von Max liest? Kommt sie dir etwa bekannt vor?

> *Max hat sich auf das Spiel gefreut. Allen hat er erzählt, wie gut es im Training läuft und dass der Trainer ihn für das nächste Spiel aufgestellt hat. Am Abend zuvor packt er die Tasche und hakt alles auf der Checkliste ab. Nun noch zeitig ins Bett und sich fit schlafen für den großen Tag! Doch dann verliert er jeden Zweikampf, die Pässe sind immer zu kurz und fast hätte er auch noch einen Elfmeter verursacht. Alle sind verwundert und fragen sich, was mit Max heute los ist. Der Trainer muss ihn leider auswechseln.*

Mit Max ist das passiert, was auch ganz erfolgreichen Fußballspielern in wichtigen Spielen passieren kann. Der Druck war einfach zu stark, er war zu aufgeregt und konnte seine eigentliche Leistung nicht bringen.

Das ist noch nicht das Ende der Karriere, aber doch ärgerlich! Du solltest wissen, warum so eine Situation auftritt und was man dagegen unternehmen kann.

Druck hat etwas mit Erwartungen zu tun

Das sind zum einen Erwartungen, die von außen kommen.

Sie kommen von deinen Eltern, deinem Trainer und deinen Freunden.
Sie alle erwarten gute Leistungen von dir.

Bravo, du bist der Beste!
Wir sind stolz auf dich!
Heute schießt du das Siegtor!
Zeig allen, was du kannst!
Ich verlasse mich auf dich!

Heute wollen wir gewinnen!
Jetzt zeig ich es allen!
Ich werde ein Tor schießen!
Alle werden stolz sein und jubeln!
Das viele Training lohnt sich!

Und dann kommen noch die Erwartungen, die du an dich selbst hast. Du stellst dir eigene Ziele, die du erreichen willst.

Dieser Erwartungsdruck wird manchmal zu groß. Du bekommst Angst, dass du die hohen Erwartungen, die andere an dich stellen oder die du für dich selbst hast, nicht erfüllst. Und das ist stressig!

Wie du mit Druck fertig wirst

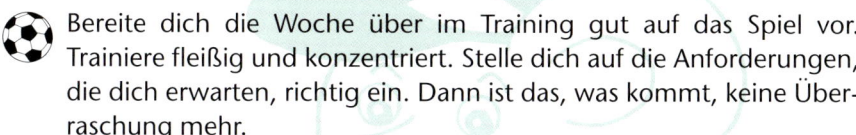 Bereite dich die Woche über im Training gut auf das Spiel vor. Trainiere fleißig und konzentriert. Stelle dich auf die Anforderungen, die dich erwarten, richtig ein. Dann ist das, was kommt, keine Überraschung mehr.

Gehe zeitig schlafen, lege abends alles zurecht, frühstücke gut und fahre pünktlich zu Hause los.

Lass alle Probleme, die nichts mit dem Spiel zu tun haben, draußen. Stell dir vor, wenn du auf dem Platz bist, kommen keine äußeren Probleme mehr an dich heran. Du konzentrierst dich nur noch auf den Gegner, die Mitspieler, den Ball und das Spiel.

Du hast dir den Druck selbst gewählt. Du steckst dir die Ziele und bestimmst, was du erreichen willst. Du könntest dir natürlich auch leichter erreichbare Ziele stellen und damit dem Druck ausweichen, indem du nicht in die Zweikämpfe gehst, den Torschuss einem anderen überlässt oder dich lieber auf die Ersatzbank setzt. Stelle dir hohe, aber realistische Ziele. Etwas Druck muss sein. Das macht Spaß, spornt an und aktiviert.

Druck formt den Charakter! Du wirst nur stark, wenn du Drucksituationen bewältigst. Du wirst von Mal zu Mal belastbarer. Wer schon in der Vorbereitung dem Druck ausweicht, wird ein „Weichling" und immer unter seinen Möglichkeiten bleiben. Wer sich selbst überwindet, stärkt seinen Charakter.

Charaktereigenschaften, die du im Fußballtraining und im Spiel ausbildest, werden dir auch in anderen Lebensbereichen nützlich sein! Du kannst dann Klassenarbeiten, Prüfungen und schwierige Lebenssituationen besser bewältigen.

Teste deine psychischen Fähigkeiten

Wie würdest du in den folgenden Situationen reagieren?

1. Situation: Du hast keine Lust, zum Training zu gehen.

A. Du bleibst natürlich daheim, weil man sich ja zu nichts zwingen sollte. **1**

B. Du gehst ziemlich lustlos zum Fußballplatz, denn du willst ja deine Eltern nicht enttäuschen. **2**

C. Du gehst wie immer zum Training, weil du durch Trainingsausfall wieder schlechter wirst. Vielleicht kommt die Lust ja, wenn du auf dem Platz bist. **3**

2. Situation: Der Trainer kritisiert wiederholt deine Ballannahme.

A. Es ist schon ärgerlich, dass es immer noch nicht so klappt. Aber jetzt wird erst einmal der Torschuss trainiert. **2**

B. Der soll nicht immer so kleinlich sein. Das ist doch kein Schönheitswettbewerb. Noch ein Wort und du gehst! **1**

C. Gut, dass der Trainer immer zuschaut. So trainierst du dir gar nicht erst die falsche Technik an. **3**

3. Situation: Deine Mannschaft hat einen Elfmeter bekommen. Du sollst ihn schießen. Nun stehst du am Elfmeterpunkt und legst dir den Ball zurecht.

A. Du bist voll konzentriert, atmest ruhig und überlegst dir, wie und wohin du den Ball schießt. **3**

B. Du denkst dir, heute werde ich Torschützenkönig. Du schaust noch mal, ob alle Verwandten da sind und winkst ihnen zu. **2**

C. Du hast Angst, das Ganze zu „vermasseln". Es ist ja schon vorprogrammiert, dass der Tormann hält. Gegen den hast du sowieso keine Chance. **1**

4. Situation: Du bist diesmal nicht für die Mannschaft aufgestellt und musst auf die Ersatzbank.

A. Du denkst dir, Pech gehabt, da war ich vielleicht nicht gut genug.   2

B. Du bist sauer, weil du mindestens genauso gut bist wie die anderen. Hoffentlich gewinnt die gegnerische Mannschaft und sie merken, dass sie dich brauchen.   1

C. Du feuerst deine Mannschaft an und vielleicht wirst du ja noch eingewechselt. Ziel für dein künftiges Training ist, beim nächsten Mal wieder voll dabei zu sein.   3

5. Situation: Eure Mannschaft hat ein Tor „kassiert".

A. Das ist ja logisch, die anderen sind ja auch viel stärker als wir.   1

B. Nun aber kämpfen, dass bald der Ausgleichstreffer fällt. Es ist noch alles drin, wir haben ja gut trainiert.   3

C. Jetzt die Abwehr verstärken und aufpassen, dass es nicht zu viele Gegentore werden.   2

6. Situation: Dein Mannschaftskamerad macht eine filmreife Schwalbe im Strafraum und ihr bekommt trotz fairem Zweikampf einen Elfmeter zugesprochen.

A. Du sprichst ihn auf seine unfaire Spielweise an. Ihr könnt auch ohne Tricks gewinnen.   3

B. Es war zwar nicht fair, aber wenn der Schiri nichts mitbekommt, soll es euch freuen.   2

C. Super Idee! Wahrscheinlich schaut der Schiedsrichter nicht so genau hin. Das probierst du bei der nächsten Gelegenheit auch aus.   1

Zähle deine Punkte zusammen!
Die Auswertung findest du im Lösungsteil.

Übungen zur Entspannung

Zur Entspannung suchst du dir einen ruhigen Ort, wo dich keiner stört. Lege dich lang auf eine Matte oder den wärmeren Fußboden. Schließe die Augen. Das Wichtigste ist die richtige Atmung:

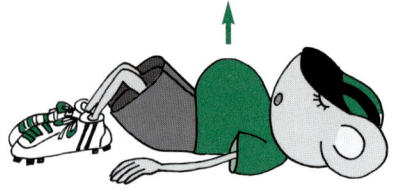

Tief in den Bauch einatmen, dabei wölbt sich der Bauch.

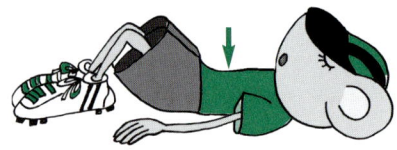

Ruhig und lang ausatmen, dabei senkt sich die Bauchdecke.

Bei den folgenden Übungen werden Muskeln und Sehnen gedehnt. Dabei verspürst du ein leichtes Ziehen. Das tut gut, darf aber nicht wehtun. Halte die Position so lange, wie es dir angenehm ist. Nicht nachfedern! Vergiss bei den folgenden Übungen die gute Bauchatmung nicht! Weitere Übungen findest du zum Beispiel in Yoga-Büchern.

Mach dich ganz klein, wie ein Päckchen.

Gehe in Rückenlage und führe die Beine nach hinten.

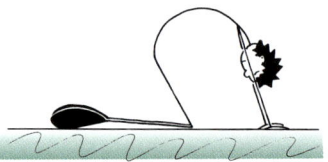

Gehe in den Kniestand und mache einen Katzenbuckel.

....................................9 TRAINING DER TECHNIK UND TAKTIK

In diesem Kapitel wollen wir dir Tipps und Anregungen zum Training der Technik und Taktik geben. Beides kann man kaum getrennt voneinander betrachten. Sie sind im Spiel immer eine Einheit, da du bei der Anwendung jeder Technik auch eine Absicht hast. Wenn wir dir also zum Trainieren von Techniken wichtige Abläufe beschreiben, dann sind diese immer verbunden mit Tipps zum taktischen Verhalten im Spiel. Trainiere die technischen Elemente also auch immer mit einem taktischen Bezug, mit einem Zweck.

Die Techniken erlernst du Stück für Stück und wir haben einige Schrittfolgen dafür aufgeschrieben. Das Lernen der taktischen Besonderheiten geschieht eigentlich nur richtig in der Anwendung im Spiel. Du solltest also neben dem Techniktraining viel spielen und dadurch taktische Erfahrungen erwerben.

Wer erfolgreich Fußball spielen möchte, erlernt und trainiert die wichtigsten Techniken. Diese gehören zum „Handwerkszeug" eines jeden Fußballers und machen ein Fußballspiel erst möglich.

Erkennst du an den Bildern, welche Grundtechniken wir meinen? Auf den nächsten Seiten werden diese genauer erklärt.

Die Stoßarten

Die Stoßarten brauchst du, um den Ball mit dem Fuß oder dem Kopf ins Tor zu schießen, zum Mitspieler zu passen oder vom Gegner weg und weiterzubefördern. Der Spieler kennt das Ziel und bestimmt die Richtung, die Schärfe, die Höhe und die Weite. Damit das alles so klappt, musst du die Ausführung der Stoßarten kennen und immer wieder trainieren.

Du kannst den Ball spielen mit :

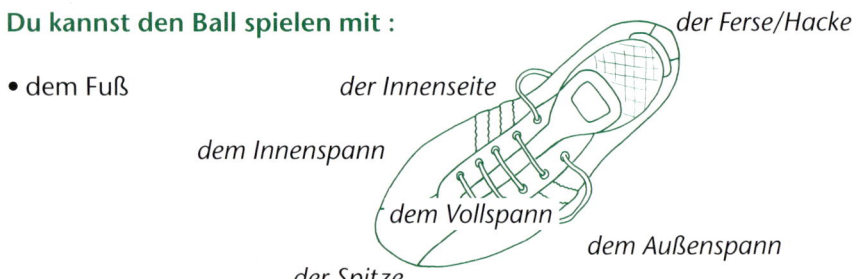

• dem Fuß

der Ferse/Hacke
der Innenseite
dem Innenspann
dem Vollspann
dem Außenspann
der Spitze

• dem Kopf,
• der Brust, dem Knie, dem Oberschenkel

Der Ball wird gespielt: • ins gegnerische Tor
• zum Mitspieler
• in den freien Raum

Der Ball sollte nicht gespielt werden: • ins eigene Tor
• zum Gegner
• ins Aus

 *Auf den nächsten Seiten sind die Stoßarten kurz dargestellt. Wenn ein Schuss misslingt, dann hast du bei der Ausführung etwas falsch gemacht. Einige Fehler haben wir aufgeschrieben. Ist das auch dein Problem? Dann zeichne ein Kreuz an die Zeile. Aber mit Bleistift, damit du es hoffentlich bald wieder ausradieren kannst.*

Der Innenseitstoß

- Für flache Zuspiele (Pässe)
  über kurze und mittlere Entfernungen
- Für direkte Zuspiele (Doppelpässe)
- Für den genauen und
  sicheren Torschuss

Fehler, die du vermeiden solltest:

☐ *Das Spielbein wird nicht gerade durchgezogen und der Schuss „verrissen"; so verfehlt der Ball sein Ziel.*

☐ *Die Fußspitze zeigt nicht in Spielrichtung und der Standfuß steht zu weit vom Ball entfernt; so ist die Bewegung „eckig" und „ungelenk".*

☐ *Das Fußgelenk ist nicht fest; so wird der Ball nicht im Zentrum getroffen.*

So kannst du üben

- Führe zuerst einige Trockenübungen aus, um den Bewegungsablauf zu kontrollieren und einzuprägen. Halte dich damit aber nicht zu lange auf.

- Übe den Innenseitstoß zuerst ohne Anlauf aus dem Stand.

- Suche dir eine Linie, zum Beispiel die Spielfeldmarkierung, und schieße den Ball mit der Innenseite so, dass er genau auf der Linie entlangrollt.

- Baue kleine Zieltore auf und schieße darauf aus kurzer Entfernung.

- Stoße den Ball mit der Innenseite gegen eine Mauer und spiele den zurückprallenden Ball auch wieder mit der Innenseite zurück.

Der Innenspannstoß

- Für weite, hohe Zuspiele (Spielverlagerungen)
- Für Flanken, Eckstöße, Freistöße
- Für den Abstoß vom Tor nach einem Toraus

Der Außenspannstoß

- Für den Steilpass
  (um den Gegner herum)
- Für den Torschuss, Eckstoß
  und Freistoß

Der Vollspannstoß

- Ist ein scharfer Torschuss
- Für Abstoß vom Tor nach
  dem Toraus
- Für Freistöße

Fehler, die du beim Vollspannstoß vermeiden solltest:

- *Wer Angst hat, dass er mit der Fußspitze in den Boden „sticht", trifft den Ball nicht mit der Schnürung, sondern nur mit der Fußspitze; so fliegt er unkontrolliert irgendwohin.*
- *Das Fußgelenk ist nicht festgestellt; so wird der Ball nicht im Zentrum getroffen und verfehlt sein Ziel.*
- *Der Anlauf ist nicht gerade und nicht in Schussrichtung.*
- *Der Standfuß steht zu weit hinter dem Ball.*
- *Der Oberkörper ist zu sehr in Rücklage.*

Spezialschüsse

Effet
Der Ball erhält einen Drall (Effet), wenn man ihn mit dem Innen- oder Außenspann seitlich seines Zentrums schlägt. Er beschreibt eine bananen- oder sichelförmige Flugbahn um den Gegner herum.

Volley
Der Ball kommt hoch herangeflogen und der Schütze nimmt ihn direkt, bevor der Ball den Boden berührt. Solche Schüsse als Vollspannschüsse, Drehschüsse, Seitfallzieher oder Fallrückzieher sind als Torschüsse meist sehr spektakulär. Weil sie sehr schnell und scharf ankommen, sind diese unberechenbar für den Torwart. So werden meistens die „Supertore" erzielt. Auch als Abwehrschüsse sind Volleys geeignet, als weite Befreiungsschläge aus dem eigenen Strafraum, gegen gegnerische Flanken und bei Powerplaysituationen des Gegners.

Dropkick
Beim Dropkick kommt der Ball hoch angeflogen und berührt kurz den Boden (tropft auf den Boden, engl.: *to drop*). Der Schütze nimmt den Ball gleich, nachdem er aufgeprallt ist und wieder hochprallen will, direkt mit dem Vollspann. Solche Schüsse sind ziemlich scharf und spektakulär. Wenn der Ball richtig mit dem Vollspann im Zentrum getroffen wird, ist er meist unhaltbar für den Torwart.

So kannst du die Stoßarten trainieren

Keinem Fußballer wird es lange Spaß machen, nur mit seinen Trainingskameraden in einer Schlange zu stehen, und wenn er dran ist, den vorgelegten Ball zu spielen. Wählt euch deshalb die verschiedensten Wettbewerbsformen, bei denen es um Genauigkeit, Schärfe und Weite geht. Übt mit verschiedenen Bällen, um das Ballgefühl zu schulen.

Einige Beispiele haben wir hier aufgeschrieben, euer Trainer hat bestimmt viele gute Ideen und auch ihr könnt euch Übungen ausdenken. Viel Spaß!

Zielstöße auf Tore

- *Mit unterschiedlicher Größe*
- *Aus unterschiedlicher Entfernung*
- *Mit unterschiedlichen Bällen*

So lernst du herauszufinden, welche Stoßart du ausführen musst und welche Kraft du jeweils brauchst.

Wettbewerb:
- *Wer erreicht die meisten Tore bei vorgegebener Schusszahl?*
- *Wer erreicht ein Tor aus der weitesten Entfernung?*
- *Wer schießt die meisten Tore beim anderen?*

Dreierspiel

Drei Spieler bauen sich ein Tor (etwa 3 m breit) und markieren auf beiden Seiten des Tores im gleichen Abstand (etwa 10 m) einen Abstoßpunkt.

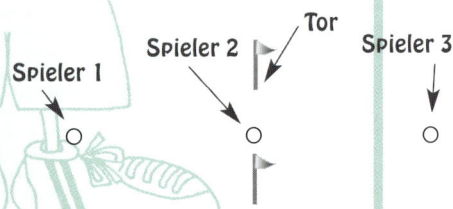

Einer geht ins Tor und die anderen sind beidseitig die Schützen. Bei einem Tor ist der andere Schütze an der Reihe (der Ball kommt ihm ja dann schon entgegen!). Wird der Schuss gehalten, tauscht der Torwart mit dem Schützen. Wer erzielt die meisten Tore und wer hält die meisten Schüsse?

Zielschießen

Gebraucht wird ein etwa 1 m breites Tor aus Hütchen, Stangen oder Strichen an der Wand. Markiert den Abstoßpunkt ca. 5 m entfernt und versucht zu treffen. Wer einen Treffer erzielt hat, wählt die nächste Markierung drei Schritte weiter hinten und versucht den Torschuss. Bei einem Treffer geht es wieder drei Schritte weiter zurück, bei einem Fehlversuch bleibt der Schütze so lange an der alten Markierung, bis er einen Treffer erzielt.

Wer schafft das Tor aus der weitesten Entfernung?

Lieblingsübung:

Schreibe hier auf, welche Übung zum Training der Stoßtechnik dir gefällt und bei welcher du am besten trainierst.

_____

_____

_____

_____

Übe alle Torschussspiele immer abwechselnd mit dem rechten und dem linken Bein, sodass du nicht einseitig wirst. Das „schwache" Bein darf nicht zum Holzbein werden, mit dem du dich nur abstützt, es aber fußballerisch nicht gebrauchen kannst. Du kannst auch mal eine „rechte Woche" und eine „linke Woche" einlegen.

Hab keine Bange, dass du so dein „starkes" Bein vernachlässigst. Im Gegenteil, es wird immer mittrainiert!

Dribbeln und Ballführen

- Mit *Ballführen* ist die Technik gemeint, mit welcher du den Ball mit den Füßen und den verschiedenen Fußteilen ohne Gegner bewegst.

- Mit *Dribbling* ist das Führen des Balls unter gegnerischer Bedrängnis gemeint, also mit taktischem Bezug.

Fußball ist ein Laufspiel und lebt vom Zusammenspiel der Mannschaftskameraden. So ist es mitunter nötig, den Ball über eine gewisse Distanz vor sich herzutreiben (engl.: *to dribble* = tröpfeln), bevor er zu einem Mitspieler gepasst oder aufs Tor geschossen wird.

Wozu sind Dribblings im Fußball nützlich?

 Um einen direkt angreifenden Gegner zu umspielen
Lösung einer 1:1-Situation
 Um einen Gegner im Laufduell mit Ball am Fuß zu überlaufen
Abschütteln
 Um einen Gegner auf sich zu ziehen (auf ihn zudribbeln) und rechtzeitig vorher zum Mitspieler abzuspielen
Der Gegner wird damit getäuscht

Was will das Dribbeln mit dem Ball am Fuß bewirken?

Der Gegner soll nicht an den Ball kommen, getäuscht und ausgespielt werden. Du kannst ohne Bedrängnis weiterspielen. So erzielen sich Tore viel leichter, da weniger Gegenspieler ihr Tor verteidigen. Sie wurden vorher ausgespielt oder überlaufen.

Die großen Könner im Weltfußball sind meist alle sehr gute Dribbler, die den Ball äußerst geschickt abschirmen und gegen gegnerische Angriffe behaupten. Welche Klassefußballer fallen dir ein? Schreibe sie hier auf!

Womit kann gedribbelt werden?

- Mit der Innenseite des Fußes
  (Kappen mit der Innenseite)
- Mit der Außenseite
  (Kappen mit der Außenseite)
- Mit dem Vollspann
- Mit der Sohle
  (Rollen mit der Sohle)

Lerne gut dribbeln! Diese Tipps sind besonders wichtig für das richtige taktische Verhalten beim Dribbling.

- Führe den Ball eng und kurz am Fuß und lass ihn nicht wegrollen.
- Führe den Ball anfangs mit dem starken Fuß, nimm aber bald auch deinen schwachen Fuß hinzu, dann bist du nicht so berechenbar.
- Schiebe immer den Körper zwischen Ball und Gegner, so schirmst du den Ball ab und deckst ihn vor gegnerischen Störversuchen.
- Wenn du sicherer geworden bist, löse den Blick vom Ball, sodass du das Spielgeschehen beobachten kannst und weißt, wohin der Ball nach dem Dribbling gespielt werden kann.
- Verbinde das Dribbling mit Finten und Täuschungen.
- Dribble schnell und mit Mut zum Risiko. Vor allem, wenn du in der gegnerischen Hälfte bist. Vermeide Dribblings in der eigenen Tornähe, denn das wäre zu gefährlich.
- Hast du einen Gegner erfolgreich umspielt, dann schließe dein Dribbling schnell mit einem Pass zum Mitspieler oder einem Torschuss ab.
- Übertreibe das Dribbling nicht, du verlierst sonst den Ball zu oft und deine Mitspieler laufen sich umsonst frei.

So kannst du das Dribbling trainieren

Übungen zum Ballführen ohne Gegner

*Zickzack-Läufe im Raum
(ca. 15 m von einer Linie zur anderen und zurück)*

Führe den Ball mit der Innenseite abwechselnd im Zickzack (diagonal) vor dir her:
- *Einen Kontakt rechts, einen links*
- *Zwei Kontakte rechts, zwei links*
- *Drei Kontakte rechts, drei links*

Führe den Ball mit der Innen- und Außenseite abwechselnd im Zickzack vor dir her:
- *Einen Kontakt rechte Innenseite, danach einen Kontakt rechte Außenseite*
- *Einen Kontakt linke Innenseite, danach einen Kontakt linke Außenseite*
- *Einen Kontakt rechte Innenseite, danach einen Kontakt linke Außenseite, danach umgekehrt, linke Innenseite und rechte Außenseite*

Führe den Ball nur mit der Außenseite abwechselnd im Zickzack vor dir her:
- *Einen Kontakt rechte Außenseite, danach Umlaufen des Balls, (wichtig, sonst kannst du den Ball nicht mit der nächsten Außenseite spielen!) danach einen Kontakt linke Außenseite*
- *Zwei Kontakte rechte Außenseite, Umlaufen des Balls, danach zwei Kontakte linke Außenseite*

Rolle den Ball mit der Sohle und Außenseite abwechselnd im Zickzack vor dir her:
- *Einen Kontakt linke Sohle, danach einen Kontakt rechte Außenseite*
- *Einen Kontakt rechte Sohle, danach einen Kontakt linke Außenseite*
- *Einen Kontakt rechte Innenseite, danach einen Kontakt linke Sohle, danach umgekehrt, linke Innenseite und rechte Sohle*

Erfinde zu Hause oder mit deinem Trainer weitere Formen!

Übungen zum Dribbling mit einem passiven Gegner

Läufe an Hütchen oder Markierungskegeln

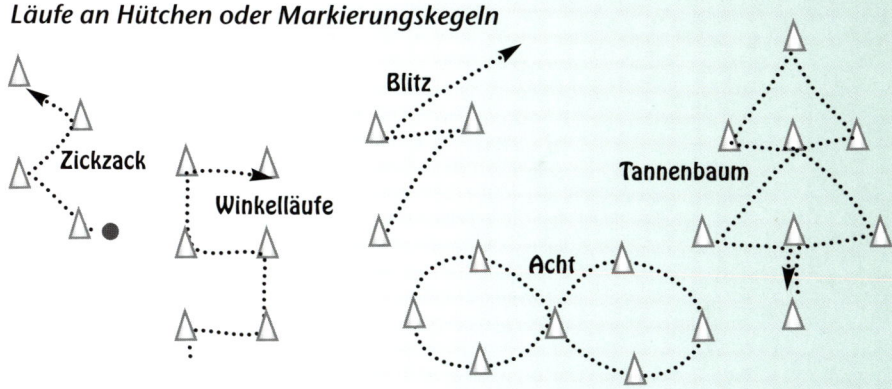

Führe den Ball von einem Hütchen zum nächsten und wechsle dabei den ballführenden Fuß. Erfinde noch andere Figuren.

- *Kappe den Ball nur mit der Innenseite.*
- *Kappe den Ball nur mit der Außenseite.*
- *Drehe dich kurz vor dem Hütchen ein und kappe den Ball so mit der Innenseite, dass er vor dem Hütchen (späterer Gegner) abgeschirmt bleibt, gehe danach zum nächsten Kegel und drehe dich dort andersherum.*
- *Kappe den Ball von Kegel zu Kegel nur mit dem rechten oder linken Fuß (du wirst merken, dass du abwechselnd die Innen- und Außenseite des gleichen Fußes nehmen musst).*

Slalomläufe

Dribble mit dem Ball am Fuß durch Slalomstangen (passive Gegner) und versuche, nicht hängen zu bleiben. Stelle die Stangen dabei im Abstand von etwa 1,50 m hintereinander auf und dribble möglichst schnell durch. So könnt ihr in der Mannschaft den besten und schnellsten Dribbler finden. Der Trainer stoppt die Zeit.

Tempodribbling
Die Hütchen werden ganz willkürlich im Raum aufgebaut. Nun dribbelst du ein Hütchen an, vor der Stange wird der Ball mit der Innen- oder Außenseite gekappt und du gehst seitlich vorbei.

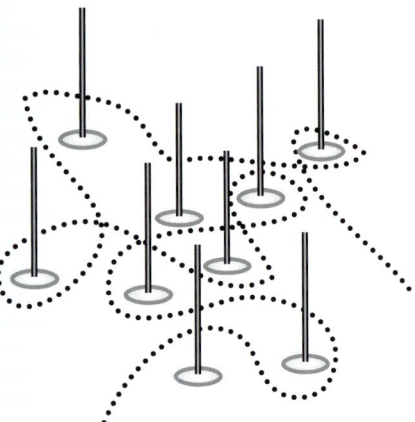

Dribbling im Stangendschungel
Die Stangen werden eng (etwa 1-2 m Abstand) durcheinander aufgestellt. 5-6 Spieler dribbeln mit ihrem Ball hindurch, ohne den Mitspieler zu berühren oder den Ball zu verlieren.

Verbinde die Dribblings mit Täuschungen (Ausholen, Schussfinte, Schrittfinte, Schere, Übersteiger)!

Verbinde die Dribblings mit Folgehandlungen (Passen und Schießen)!

③ Übungen zum Dribbling mit halbaktivem Gegner

Alle Übungen mit dem passiven Gegner, also mit Stangen, Hütchen usw., kannst du im Training auch mit einem Gegenspieler (oder mehreren) durchführen. Dabei wirst du nur halbaktiv attackiert. Er wird also noch nicht in Wettkampfform eingreifen und um den Ballbesitz kämpfen, sondern dich weitestgehend gewähren lassen.

Wichtig hierbei ist, dass du die räumlichen und zeitlichen Bedingungen bei den Dribbelaktionen am Gegner kennen lernst und so trainierst, als würdest du im Spiel handeln.

Der Gegner lässt dich, wenn du ihn erfolgreich umspielt hast, laufen. Er greift nur bis zu einer bestimmten Linie oder in einer Zone an.

Übungen und Spiele zum Dribbling mit aktivem Gegner

Alle Übungen kannst du im Training auch mit einem Gegenspieler oder mehreren Gegenspielern durchführen, die dich aktiv attackieren. Sie werden dich also nun richtig angreifen und um den Ballbesitz kämpfen.

Am besten geschieht das aber in allen Spielformen, die euer Trainer nun auswählen sollte, um das Dribbling im Spiel bewusst zu fordern bzw. anzuwenden. Das kannst du natürlich auch mit deinen Freunden zu Hause üben.

Spiele 4:4 (auch 3:3) ohne Tore, über Linien
Ein „Tor" wird erzielt, wenn man mit Ball am Fuß über die gegnerische Grundlinie gedribbelt ist.

Überzahlspiele
Spiel 5:3 oder 6:4 auf zwei oder mehr Tore, wodurch der überzähligen Mannschaft das Dribbeln leichter gemacht wird.

Mehrtorespiele
4:4 oder 5:5, wo nur ein Tor erzielt werden kann, wenn ein Mitspieler mit dem Ball am Fuß durch ein Fahnentor (1-2 m breit) gedribbelt ist und danach den Ball zu einem Mitspieler passt.

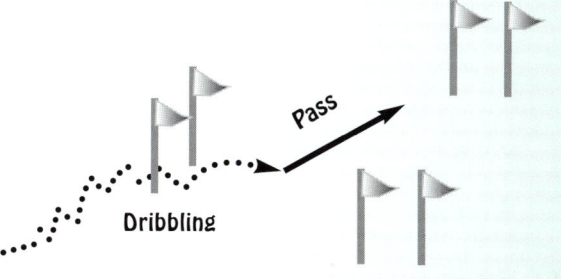

Wie du nun schon weißt, erlernt man eine Technik Stück für Stück, vom Einfachen zum Schwierigen. Wählt am Anfang Übungen aus, die noch nicht so schwierig sind und steigert allmählich den Schwierigkeitsgrad.

Die Ballannahme und Ballmitnahme

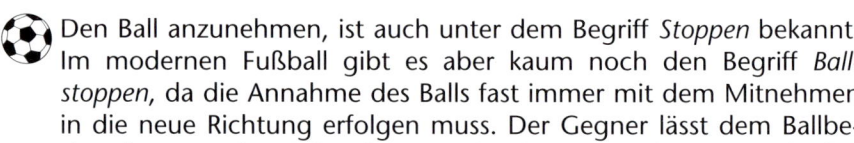 Den Ball anzunehmen, ist auch unter dem Begriff *Stoppen* bekannt. Im modernen Fußball gibt es aber kaum noch den Begriff *Ballstoppen*, da die Annahme des Balls fast immer mit dem Mitnehmen in die neue Richtung erfolgen muss. Der Gegner lässt dem Ballbesitzer kaum noch Zeit für Aktionen wie „Stoppen, Schauen, Spielen".

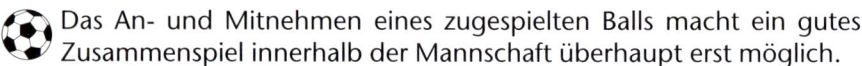 Das An- und Mitnehmen eines zugespielten Balls macht ein gutes Zusammenspiel innerhalb der Mannschaft überhaupt erst möglich.

 Die Ballkontrolle gehört zum „Handwerkszeug" eines Fußballspielers.

 Das An- und Mitnehmen des Balls sichert den Ballbesitz und damit Spielinitiative und Angriffsaktionen.

Womit wird der Ball angenommen ?

Mit allen Teile der beiden Füße
- Innenseite
- Innenspann
- Außenspann
- Vollspann
- Sohle

Mit anderen Körperteilen
- Kopf
- Brust
- Oberschenkel

Die An- und Mitnahmetechnik richtet sich nach:

- Der Schärfe des ankommenden Balls (scharf, weich)
- Der Flugbahn (flach, halbhoch, hoch)
- Der Entfernung des ankommenden Balls (weit, kurz)
- Der Zeit und dem Platz, den ein Spieler zur Verfügung hat, um den Ball zu kontrollieren
- Der Stellung des Gegners und der Art und Weise seiner Bedrängung

An- und Mitnahme flacher Bälle

Die wichtigste Ballannahmetechnik ist das An- und Mitnehmen des Balls mit der Innenseite. Das ist die sicherste und am schnellsten zu lernende Art der Ballkontrolle. Genauso lässt er sich aber auch mit allen anderen Seiten des Fußes an- und mitnehmen.

An- und Mitnahme hoher (springender und anfliegender) Bälle

Hier geht der annehmende Körperteil (Kopf, Oberschenkel, Innenseite oder Vollspann des Fußes) dem Ball etwas entgegen und nimmt ihn dann, leicht nach unten nachgebend, an (der Ball wird „heruntergepflückt"). Dieser landet weich vor den beiden Füßen, um gleich weitergespielt zu werden.

Das leichte Nachgeben des Kopfes, des Oberschenkels, der Innenseite oder des Vollspanns nach unten und hinten ist wichtig für die weiche Landung des Balls vor deinen Füßen. Wenn du das nicht machst, springt dir der Ball weg und wird eine leichte Beute deiner Gegenspieler.

Gleich nach dem Annehmen musst du den Ball in eine andere Richtung mitnehmen, damit du dich vom gegnerischen Angriff lösen kannst.

Versuche, die springenden und fliegenden Bälle so schnell wie möglich zu kontrollieren und wieder flach auf den Boden vor deine Füße spielbereit zu bekommen. Dann hast du es leichter mit der Spielfortsetzung und das Zusammenspiel klappt besser.

So wird gelernt

1. Ballan- und -mitnahme aus dem Stand nach vorn in die Richtung, aus der der Ball zugespielt wurde.

2. Ballan- und -mitnahme in der Bewegung und im Lauf in die Richtung, aus der Ball zugespielt wurde.

3. Ballan- und -mitnahme in der Bewegung und mit Drehungen zur Seite oder nach hinten in eine andere Richtung, als der Ball zugespielt wurde.

4. Ballan- und -mitnahme in zusammengesetzten Übungsfolgen, z. B. Zuspiel – Ballmitnahme zur Seite – Dribbling – Torschuss/Flanke.

Wie du an dieser Schrittfolge sehen kannst, auch die Ballmitnahme wird vom Leichten zum Schweren erlernt und trainiert.

fliegende Bälle seitlich
fliegende Bälle von vorn
springende Bälle seitlich
springende Bälle von vorn
rollende Bälle seitlich
rollende Bälle von vorn

Taktische Tipps zu An- und Mitnahmeaktionen

⚽ Verbinde die Ballannahme mit Körpertäuschungen, wie Ausholbewegungen oder Schrittfinten, verschleiere dem Gegner deine Absichten.

⚽ Nimm den Ball immer spielbar in die neue Laufrichtung an und mit. Damit kannst du schneller handeln.

⚽ Schirme den Ball bei gegnerischer Bedrängnis ab. Schiebe deinen Körper zwischen Ball und Gegner.

⚽ Laufe dem Ball entgegen, denn der Gegner ist, genau wie du, immer bereit zur Ballerkämpfung.

⚽ Berechne anfliegende und springende Bälle richtig. Schätze die Entfernung und die Schärfe ein und reagiere nicht zu zeitig oder zu spät. Lass den Ball möglichst 1 x vor dir aufspringen, sonst ist der Gegner der „lachende" Ballbesitzer.

⚽ Nach der Mitnahme sofort die Abschlusshandlung vorausdenken, also entweder zum Mitspieler weiterleiten oder einen Torschuss folgen lassen.

Die Ballabnahme

Das Ziel der Ballabnahme, oder auch *Balleroberung*, besteht darin, den Gegner vom Ball zu trennen und so sich und die eigene Mannschaft in Ballbesitz zu bringen.

Zumeist wird im Jugendtraining Wert auf das Erzielen von Toren gelegt und oftmals das Verhindern von Toren nicht beachtet. Das Spiel besteht aber gleichermaßen aus Aktionen und Situationen, die man kennzeichnen kann als:

- *Angreifen und Verteidigen,*
- *Ballbesitz und Ballverlust.*

Die kleinste Einheit solcher Aktionen im Kampf um den Ball ist der *Zweikampf*. Viele Statistiken und kluge Traineranalysen haben es immer wieder bestätigt:

Wer die meisten Zweikämpfe gewinnt, gewinnt das Spiel!

Erfolg im Zweikampf hat zuallererst etwas mit Ballbesitz zu tun. Nur, wer im Ballbesitz ist, kann Tore erzielen und den Gegner angreifen. Umgekehrt bedeutet das: Wenn ich mit meiner Mannschaft nicht im Ballbesitz bin, muss ich diesen so schnell wie möglich erobern, dem Gegner abnehmen, um Angriffe und Tore des Gegners zu verhindern.

Voraussetzungen des Spielers für die erfolgreiche Ballabnahme

- Mut und Entschlossenheit zum Bekämpfen des Gegners mit fairen Mitteln.
- Zweikampfhärte, um sich gegen den Widerstand des Ballbesitzers zu behaupten.
- Gewandtheit und Geschicklichkeit im Kampf um den Ball.
- Geschicktes, taktisches Verhalten (Decken, Stellungsspiel, vorausschauendes Spielen), um möglichst wenig Zweikämpfe zu bestreiten und vorher in Ballbesitz zu gelangen.
- Gute, auf den Ball orientierte Abwehrtechniken.

In der Fachsprache sagt man zur Abwehrtechnik „Tackling" (engl.: *to tackle* = jemanden angreifen).

Abwehrtechniken

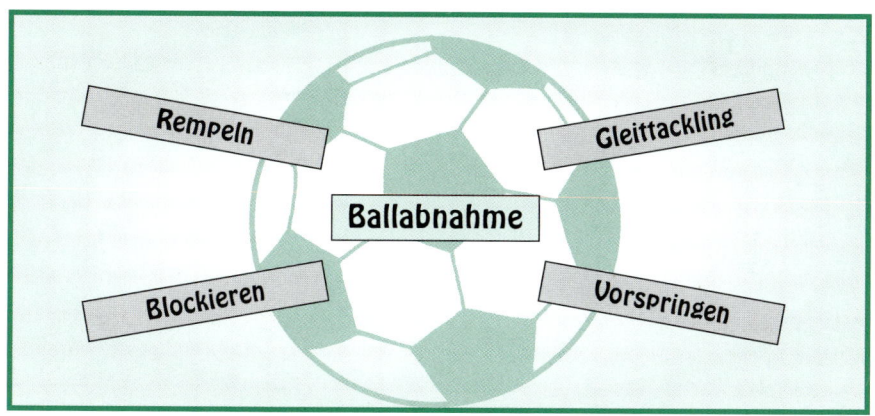

Rempeln

Zwei Spieler befinden sich seitlich zueinander. Der Abwehrspieler versucht, durch Druck der Schultern den Gegner wegzuschieben, sodass dieser vom Ball getrennt wird.

Lässt er sich dabei nicht direkt vom Ball trennen, kann man den Ball auch ins Aus oder zum Mitspieler mit dem Fuß „wegspitzeln" und damit die gegnerischen Angriffsaktionen stören.

Aus dem Rempeln darf kein Umrennen werden. Ebenso ist es verboten, von hinten oder mit der Brust zu rempeln.

So wird geübt:

- Rempeln zweier Spieler Schulter gegen Schulter im Stand von vorn und seitlich zueinander
- Rempeln mit angelegtem Oberarm im Lauf gegeneinander ohne Ball auf gleicher Höhe mit dem Partner
- Rempeln mit dem Oberarm und der Schulter gegen den dribbelnden Partner
- Rempeln mit dem Oberarm und der Schulter gegen den dribbelnden Partner mit dem Versuch, den Ball wegzuspitzeln
- 1:1-Spiele auf kleine Tore (Zweikampfspiele), nur 30 Sekunden, dann Partnerwechsel und Pausen beachten

Blockieren

Der ballführende Spieler wird von vorn durch das Blockieren des Balls mit der Innenseite vom Ball getrennt. Dabei ist der Fuß des Spielbeins wie beim Innenseitstoß ausgewinkelt, beide Beine sind in den Kniegelenken gebeugt und das Fußgelenk muss festgestellt sein. Alle Beinmuskeln sind fest angespannt, um auf einen Schuss des Gegners eingestellt zu sein.

Der Fuß hält kräftig gegen den Ball. Er versucht, ihn so zu blockieren, dass der Ball über den Fuß des Gegners gedrückt wird.

Der Abwehrspieler sollte nicht selbst aktiv gegen den Ball treten, weil beim Pressschlag meist der zuerst spielende Spieler den Ball verliert.

So wird geübt:

- Blockieren des Balls mit der Sohle im Stand von vorn – beide Partner blockieren gleichzeitig. Wer hat die bessere Technik und wer hat die größere Kraft?
- Blockieren des Balls mit der Innenseite gegen einen dribbelnden Gegner
- Blockieren des Balls mit der Innenseite im Fallen – der Angriff auf den Gegner erfolgt von der Seite und das blockierende Bein ist gebeugt
- 1:1-Spiele auf kleine Tore (Zweikampfspiele), nur 30 Sekunden, dann Partnerwechsel und Pausen beachten

Gleittackling

Hierbei versucht der Abwehrspieler, dem Angreifer durch seitliches Hinein-
grätschen den Ball vom Fuß zu spitzeln. Dabei winkelt er den grätschenden
Fuß so ein, dass der Ball an diesem Fuß wie an einem Haken spielbereit
„hängen" bleibt.

Das Standbein ist im Kniegelenk gebeugt und steht weit hinten, wie bei
einem Hürdensitz. Das Spielbein gleitet lang gestreckt am Boden zum
Ball. Der Spieler kommt mit abgeneigtem Oberkörper vom Gegner weg
zu Fall und beide seitlich ausgestreckten Arme fangen den Aufprall des
Körpers ab.

*Das Gleittackling ist riskant, weil nicht immer klar
erkennbar ist, ob tatsächlich nur der Ball gespielt (regelgerecht) oder auch das Bein des Gegners mit getroffen
(regelwidrig) wird. So wandelt man oft am Rande des
Platzverweises oder einer gelben Karte.*

So wid geübt:

- Fallübungen ohne Ball und Gegner
- Gleitfallübungen zum Ball ohne Gegner
- Gleittackling an einem wegrollenden Ball ohne Gegner
- Gleittackling mit Anlauf auf einen ruhenden Ball mit passivem Gegner
- Gleittackling gegen einen dribbelnden, halbaktiven Gegner, der sich den Ball bewusst weit vorlegt
- Gleittackling gegen einen aktiv spielenden, schnell dribbelnden Gegenspieler
- 1:1-Spiele auf kleine Tore (Zweikampfspiele)

Diese Abwehrtechnik sollte man aber nur anwenden, wenn man sich ihrer sehr sicher ist. Schließlich geht es auch um den Schutz der Gesundheit aller Spieler und um faire Spielweise. Achtung vor dem Gegner im Fußball ist oberstes Gebot.

Man sollte sich auch sicher sein, weil der Abwehrspieler kann den Ball im Fallen verfehlen und liegt am Boden. Der durchbrechende Gegner bleibt im Ballbesitz und hat dann leichtes Spiel, den Angriff fortzusetzen oder aufs Tor zu schießen.

Vorspringen

Mit schnellem Antritt von schräg hinten nach vorn vor den Gegner wird ein Zuspiel eines anderen Gegenspielers abgefangen. Mit der Innenseite des Spielbeins wird der Ball unter Kontrolle gebracht oder weggespielt, um eine torgefährliche Aktion des Gegners zu entschärfen. Hast du dir den Ball gesichert, kannst du von dir aus einen neuen Angriff starten.

Wichtig ist, dass beim Vorspringen der Körper zwischen Ball und Gegner gebracht wird. Der Gegner sieht den schnellen Antritt hinter ihm nicht. Diese Überraschung wird ausgenutzt. Sollte das Vorspringen nicht

erfolgreich sein, weil man zu spät kommt und der Gegner bleibt im Ballbesitz, muss man eine andere Abwehrtechnik anwenden. Auf alle Fälle sollte verhindert werden, dass der Gegner mit Ball in Richtung Tor läuft.

So wird geübt:

- Reaktionsübungen als Vorspringen ohne Ball gegen einen passiven Gegner – das Signal kommt als Ruf oder Pfiff vom Trainer
- Vorspringen nach Zuspiel von vorn bei passivem Gegner mit Ballmitnahme nach vorn oder zur Seite
- Vorspringen nach Zuspiel von vorn bei aktivem Gegner mit Spielfortsetzung, je nachdem, wer in Ballbesitz kommt
- 3:2- oder 4:3-Überzahlspiele auf kleine Tore mit bewusster Anwendung des Vorspringens – die Unterzahlspieler versuchen, auf diese Weise schneller oder überhaupt in Ballbesitz zu kommen

Taktische Tipps für dein Abwehrverhalten

Störe den Gegner möglichst immer vor oder zumindest bei der Ballannahme, denn nach der Ballannahme ist es immer schwerer.

•

Habe immer den Gegner und den Ball im Auge.
Beobachte das Spielgeschehen sehr aufmerksam.

•

Decke die innere Linie, das heißt, dränge den Gegner immer nach außen zur Seitenlinie ab. Verhindere, dass er innen von dir zum Tor laufen kann.

•

Spiele nach Ballgewinn sofort den freien Mitspieler an
(Spieleröffnung) oder in den freien Raum.
Du kannst auch aus der Gefahrenzone herausdribbeln.

•

Schalte bei Ballverlust sofort auf Abwehr um zur Ballrückerkämpfung.

•

Je näher das Tor ist, umso enger sind die Deckung
und die Bewachung des Gegners.

•

Spiele den Ball nie quer durch den Strafraum,
sondern immer vom Tor weg.

•

Halte einen auf dich zukommenden gegnerischen Spieler möglichst lange hin, bis deine Mitspieler nachgelaufen sind und dich sichernd unterstützen können (hinhaltende Verteidigung).

•

Mache nie den ersten Schritt, warte auf die Aktion des Gegners und konzentriere dich auf den Ball.

•

Handle blitzschnell und konsequent, aber fair.

Der Kopfstoß

Das Spielen des Balls mit dem Kopf ist eine besondere und mitunter sehr attraktive Form der Ballweiterleitung in der Luft.

Möglichkeiten der Anwendung des Kopfballspiels

 Zuspiel eines hoch ankommenden Balls zum Mitspieler
Beispiel: Der Torwart schlägt den Ball ab und der Mittelstürmer leitet den Ball per Kopf zu seinem Außenstürmer.

 Gezielter Kopfstoß auf das Tor zum Zweck der Torerzielung
Beispiel: Flanke in den Strafraum und scharfer, platzierter Kopfstoß ins Tor.

 Kopfballabwehr hoch anfliegender Bälle zur Verhinderung eines gegnerischen Angriffs auf das Tor
Beispiel: Flanke in den torgefährlichen Raum und Verteidiger köpft den Ball aus der Gefahrenzone.

Arten des Kopfstoßes

- Aus dem Stand (Schrittstellung)
- Aus dem Sprung (beidbeiniger oder einbeiniger Absprung)
- Hechtkopfstoß/Flugkopfball (beidbeiniger oder einbeiniger Absprung)

Meist geschieht der Kopfstoß aus dem Sprung, deshalb ist für den Absprung eine besondere Technik erforderlich:

- Absprung erfolgt mit beiden oder mit einem Bein (dem Sprungbein, bei Rechtshändern oft das linke Bein)
- Arme und Schwungbein kräftig nach oben reißen
- Absprung auf Höhe, nicht auf Weite
- Landung möglichst mit beiden Beinen

Was beim Kopfstoß zu beachten ist

- Der Ball muss mit der Stirn geköpft werden (Trefffläche in der Ballmitte ist der Idealfall)
- Nacken fest stellen
- Kinn auf die Brust ziehen
- Augen offen halten
- Bogenspannung (Hohlkreuz des Oberkörpers aus der Hüfte heraus)
- Wuchtiges Vorschnellen des Oberkörpers und kräftige Stoßausführung mit dem ganzen Körper

Auch hier stehen wieder Fehler, die du vermeiden solltest. Kreuze mit Bleistift an, was auch dein Problem ist.

☐ Der Absprung ist nicht hoch genug, sondern eher nach vorne weit.

☐ Falsche Ballberechnung. Zu zeitiges oder zu spätes Abspringen.

☐ Kein Köpfen mit der Stirn, sondern mit dem Oberteil des Kopfs. Dadurch wird der Ball nach oben weggeköpft.

Hast du Probleme beim Kopfstoß, dann finde heraus, woran es liegt und überlege dir gemeinsam mit deinem Trainer geeignete Übungen.

So kannst du üben

- „Trockenübungen" des Bewegungsablaufs ausführen
- Den Kopfstoß zunächst ohne Ball üben
- Den Ball durch Trainer geschickt in Augenhöhe zuwerfen lassen – aus dem Stand beginnen
- Balljonglieren mit dem Kopf üben, damit das Gefühl für das Köpfen mit der Stirn erworben wird
- Balanceübungen des Balls auf der Stirn

Einfachere Übungen zum Warmwerden:

• *Bist du allein, dann köpfe gegen eine Wand oder Mauer – mit einem Freund oder Partner könnt ihr euch den Ball per Kopf in der Luft zuspielen*

• *Baut zwei gleiche Tore im Abstand von etwa 5 m auf, werft euch den Ball selbst hoch und versucht, beim anderen per Kopf Tore zu erzielen*

• *Kopfballweitschuss-Wettbewerb*
Wer köpft nach eigenem Hochwurf den Ball am weitesten?

Nun etwas schwieriger:

Hand-Kopf-Ball-Spiel
Spielt Handball auf einem halben Kleinfeld. Die Torerzielung darf nur per Kopf erfolgen. Das bedeutet, dass die Zuspiele genau getimt kopfhoch erfolgen müssen, damit der köpfende Spieler den Ball gut verwerten kann.

Flugkopfball für Mutige
Übe auf weichen Untergründen Hechtkopfbälle. Ein Partner spielt die Bälle flach und scharf zu. Springe mutig und parallel zum Boden mit einem Bein ab, nimm den Kopf in den Nacken, Augen auf und „segele" dem Ball entgegen, köpfe ihn scharf zurück. Nur Mut und alte Sachen anziehen!

Eckstöße einköpfen
Im Strafraum postieren sich alle Spieler einer Mannschaft. Es gibt Angreifer und Abwehrspieler. Von jeweils beiden Außenpositionen schlagen der Trainer oder Spieler Flugbälle als Flanken platziert in den Torraum. Die Abwehrspieler versuchen, die Bälle herauszuköpfen und die Angreifer per Kopf Tore zu erzielen. Der Torwart greift ein. Er darf fausten, fangen und herauslaufen.

Wer ist besser? Die Abwehr oder der Angriff?

Üben mit dem Kopfballpendel

In vielen Fußballvereinen gibt es inzwischen ein Kopfballpendel. Das ist ein hoher Mast mit einem an einem Seil hängenden Ball. An diesem Gerät lässt sich das Köpfen allein oder mit Anleitung gut trainieren, weil der Ball, wenn man ihn köpft, immer wieder zurückpendelt.

Was kann man am Pendel lernen und trainieren?

- Das richtige Einschätzen der Flugbahn des Balls
- Das richtige Anlaufen und Abspringen
- Das richtige Landen
- Das richtige Treffen des Balls mit der Stirn
  (Der Ball kommt nie von oben, immer von vorn!)
- Die Bogenspannung
- Das Köpfen mit geöffneten Augen (Keine Angst, da kein Gegner da ist!)

So kannst du üben

 Köpfen nach beidbeinigem Absprung

Der Spieler steht vor dem Pendel und springt beidbeinig nach oben ab. Er köpft den Ball mit der Stirn nur kurz an (der Ball darf nicht zu weit wegpendeln, höchstens 50 cm) und sobald er landet, springt er wieder schnellkräftig nach oben und köpft den zurückkommenden Ball erneut (5-6 Köpfer nacheinander ausführen). Zu dieser Übung darfst du das Pendel nicht zu hoch einstellen. Der Spieler muss, wenn er unter dem Pendel steht, noch 1-2 cm Luft zwischen Kopf und Ball haben.

Diese Übung ist zum Gewöhnen an das Pendeln des Balls und zum Erlernen des richtigen technischen Ablaufs geeignet.

(Stirn – Bogenspannung – Augen auf – Nacken fest)

⚽ Köpfen mit einbeinigem Absprung nach kurzem Anlauf

Der Spieler steht 2-3 m vor dem Pendel und läuft an. Am besten mit einem Dreieranlauf-Rhythmus wie beim Basketball (links-rechts-links) und springt einbeinig nach oben ab. Er köpft den Ball jetzt wuchtig mit der Stirn nach vorn oben weg. Der Ball wird dabei weit wegpendeln. Wenn der Spieler landet, läuft er nach hinten und wartet einen Pendeldurchschlag ab, bis der Ball am weitesten von ihm entfernt pendelt. Wenn der Ball den Umkehrpunkt erreicht und auf den Spieler zupendelt, läuft er erneut an und versucht, den Ball wieder gut zu treffen und weit wegzuköpfen. Bei dieser Übung musst du das Pendel höher einstellen.

Diese Übung ist geeignet für Kopfstöße aus der Abwehr und im Angriff nach Ecken und Freistößen. Diese Bälle haben eine lange, berechenbare Flugbahn und es gibt keine Gelegenheit oder keinen Platz für einen langen Anlauf.

⚽ Köpfen mit einbeinigem Absprung nach längerem Anlauf

Der Spieler steht 3-5 m vom Pendel weg und läuft kraftvoll an. Er springt einbeinig nach vorn oben ab und köpft den Ball mit der Stirn nach vorn oben weg.

Diese Übung dient dem Training von Kopfstößen aus der Abwehr und im Angriff, nach Flanken, Eingaben, Ecken und Freistößen. Sie eignet sich auch für Bälle, die schnell heranfliegen und in die man mit Anlauf wuchtig und schnellkräftig hineingehen muss.

Varianten:
* Es kann auch ein anderer Spieler den zurückkommenden Ball köpfen
* Vor dem Kopfstoß den Körper verdrehen, sodass der Ball
  seitlich weggeköpft wird

Kein Ballpendel vorhanden? Dann baut euch eines! Der Ball kommt ins Ballnetz und wird an einer Leine hängend am Torquerbalken, der Wäschestange oder dem Ast befestigt.

Die Finten

Den Gegner umspielen, will gelernt sein. Mit dem Ball am Fuß an einem Gegenspieler vorbeilaufen, kann man nur, wenn man schneller ist als er oder ihn austrickst. Mit einer Körperbewegung kannst du ihn so täuschen, dass er sich in eine andere Richtung bewegt und du Platz zum Vorbeilaufen bekommst. Genau das ist der Sinn und Zweck einer Finte!

Aber der sportliche Gegner hat immer etwas dagegen, sich einfach so umspielen zu lassen. Er will den Ball zurück in seine Reihen. Deshalb wird er dich auch nicht freiwillig ohne Widerstand passieren lassen. Er setzt seine Abwehrtechniken ein, um den Ball zurückzuerobern. Je geschickter du bist, umso leichter wird es für dich, einen Gegenspieler zu umspielen.

Du musst deine Absichten verschleiern, den Gegner täuschen und allerhand Tricks anwenden, um erfolgreich zu sein.

Was bedeutet im Fußball, einen Gegner erfolgreich zu täuschen?

⚽ Du hast ihn passiert (hinter dir gelassen), bist näher am Tor und kannst so, bei freier Schussbahn, unbedrängt aufs Tor schießen.

⚽ Du schaffst Überzahl mit deinen Mitspielern. Ihr seid in der jeweiligen Spielsituation ein Spieler mehr, könnt also einen freien, ungedeckten Mitspieler anspielen. So erhöht sich eure Torgefahr.

⚽ Du nimmst deinem Gegenspieler das Selbstvertrauen, weil er auf deine Tricks und Körpertäuschungen hereinfällt und nicht an den Ball kommt. Das ärgert ihn und lässt ihn schwächer werden.

⚽ Mit Täuschungen und Finten gehst du Zweikämpfen aus dem Weg, bleibst unverletzt und kannst deine Aktion nach dem Umspielen als Torschuss, Zuspiel zum Mitspieler oder Dribbling fortsetzen.

Welche Arten von Finten gibt es?

Körperfinten: Die Täuschung des Gegners geschieht mittels einer Körperbewegung.

Ballfinten: Die Täuschung des Gegners geschieht mittels des Balls.

Blickfinten: Die Täuschung des Gegners geschieht durch den Blick (nach rechts schauen, nach links spielen).

Sprechfinten: Die Täuschung des Gegners geschieht durch Rufe (einen Mitspieler rufen, einen anderen anspielen).

Wichtige Körperfinten

Die Schrittfinte

Führe den Ball mit dem rechten Fuß auf einen Gegner zu. Rechtzeitig vorher machst du einen weiten Ausfallschritt mit dem rechten Fuß zur Seite nach rechts. Der Gegner wird diese Bewegung mitmachen (man sagt, auf den falschen Fuß stellen) und gehe selbst urplötzlich mit dem Ball am Fuß nach links am Gegner vorbei.

Wichtig: Handle schnell! Wenn der Gegner die falsche Bewegung macht, spiele den Ball mit der linken Außenseite schnell an ihm vorbei, wenn du nach links weg antrittst und bringe sofort einen Abstand zwischen dich und den Gegner.

Die Schrittfinte ist natürlich auch nach rechts möglich. Kannst du sie schon recht gut, dann versuche den doppelten Ausfallschritt. Zum Beispiel: Ausfallschritt rechts, Ausfallschritt links und erst danach Ballmitnahme in die andere Richtung.

Die Schere

Führe den Ball mit deinem starken Fuß auf einen Gegner zu. Rechtzeitig vorher (ca. 2 m) machst du eine Scherbewegung um den Ball herum mit deinem rechten Fuß von rechts außen nach links innen. Scherbewegung heißt, dass die Beine sich kreuzen oder eben „scheren" und der Ball zwischen den Beinen läuft. Setze den rechten Fuß nach der Scherbewegung links neben dem Ball ab und nun nimmst du den Ball mit dem rechten Außenspann in die andere Richtung mit. Der Gegner wird diese Bewegung nach links mitmachen (er ist auf dem falschen Fuß) und nun gehe selbst mit dem Ball am Fuß am Gegner vorbei.

Natürlich kannst du die Scherenfinte auch mit dem anderen Bein zur anderen Seite ausführen. Versuche die doppelte Schere! Schere beginnt rechts, keine Mitnahme, sondern sofort mit dem linken Bein eine Schere um den Ball und erst dann erfolgt die Mitnahme mit dem Außenspann oder mit der Innenseite des freien, unbelasteten Fußes.

Die Okocha-Finte
(benannt nach dem ehemaligen Bundesligaprofi J. J. Okocha)

Laufe auf den vor dir liegenden Ball zu. Mache mit einem Fuß einen Schritt über den Ball und klemme ihn zwischen den Füßen (Ferse vorderer Fuß und Vollspann hinterer Fuß) ein. Jetzt kippst du mit dem ganzen Körper, besonders dem Oberkörper, nach vorn. Dabei ziehst du den Ball in die Höhe und gibst ihn frei, sodass er bogenförmig über deinen Kopf oder deine Schulter nach vorn oben fliegt.

Wichtig: *Hebe die Ferse oder die Innenseite des unteren Fußes an, sodass der Ball von dort einen Impuls zum Fliegen bekommt.*

Schrittfolge zum Erlernen der Finten

Übe im Training Hasch- und Fangspiele.
Dabei lernt man gut das Täuschen und Ausweichen.

•

Spiele im Training auch Ballspiele mit der Hand, wie Korbball oder Basketball. Dabei lässt sich eine Körperfinte leichter erlernen und anwenden.

•

Übe den Ablauf der Finte ganz für dich allein ohne Gegner.
Präge dir die Bewegungen richtig ein. Zuerst übst du mit deinem starken Fuß, also der starke Fuß macht die Täuschungsbewegung.

•

Nimm ein Hindernis als angenommenen Gegenspieler (einen Baum auf der Wiese, eine Wäschestange auf dem Wäscheplatz, ein Markierungshütchen) und übe an diesem Gegner den Ablauf. Dieser „Gegner" ist passiv, er wird dir nichts tun und auch den Ball nicht wegspielen.
Du lernst dabei den räumlichen Ablauf, wie du nicht zu nahe und nicht zu weit weg vom Gegner die Täuschung ansetzen musst.

•

Übe jetzt auch die Finte zur anderen Seite, also mit deinem schwachen Bein. Der „Gegner" bleibt passiv.

•

Nun übst du mit einem „menschlichen Gegenspieler", der aber auch noch passiv ist, deine Täuschungsbewegung zur anderen Seite mitmacht und dich gewähren lässt. Du übst immer noch den Ablauf und machst dir über den Beginn und den Fortgang der Finte ganz klare Vorstellungen.
Nun ist es Zeit, das Tempo zu steigern und schneller zu handeln.

•

Nun wird es ernst, der Gegner wird wie im Spiel aktiv agieren und versuchen, dich vom Ball zu trennen. Du bestimmst jetzt die Seite, zu der du täuschst (das weiß dein Gegner nicht) und deshalb bist du im Vorteil.
Nutze ihn!

•

Übe immer schneller und wettkampfnäher. Der Trainer wird Spielformen aussuchen (1:1, 2:2), bei denen ihr gegeneinander mit vielen Ballkontakten spielt und so die Finten nach euren Möglichkeiten anwenden könnt.

Einige taktische Tipps zum Fintieren

Nicht zu zeitig, nicht zu spät!
Wähle den richtigen Zeitpunkt im Verhältnis zum Gegenspieler, sonst fällt der Gegner nicht auf dich herein.

Nicht zu weit weg, nicht zu nah!
Wähle den richtigen Abstand (etwa 1,5-2 m) im Verhältnis zum Gegenspieler, sonst macht der Gegner nicht die Täuschungsbewegung mit.

Tempowechsel!
Vor der Finte ist das Tempo an die Haltung und die Stellung des Gegners angepasst. Tritt nach der Finte blitzschnell an, sonst holt dich der Gegner im Laufduell wieder ein.

Richtungswechsel!
Verbinde die Finte immer mit einem Richtungswechsel (von links nach rechts, von hinten nach vorn usw.) in einen freien Raum. Sonst ist der nächste Gegner vor oder neben dir.

Wenn du fintenreich spielst, bist du unberechenbar und gefährlich für den Gegner. Übe Finten im Training in hohen Wiederholungszahlen. Wende eine oder zwei Finten im Spiel an. Konzentriere dich auf deine Lieblingsfinten.

Das Training von Standardsituationen

Genauso, wie die technischen Elemente im Fußball immer wieder im Training geübt werden sollten, werden auch die taktischen Elemente trainiert. Ganze Spielsituationen könnt ihr im Training durchspielen. Jeder Spieler kennt den Plan und seine Aufgaben dabei. Man nennt diese vorbereiteten und trainierten Spielsituationen auch *Standardsituationen*.

Der Freistoß

Ihr könnt Freistöße auf ganz verschiedene Weise ausführen. Die Regeln im Fußball unterscheiden *direkte* und *indirekte* Freistöße.

Der direkte Freistoß

Der direkte Freistoß kann vom Schützen direkt, ohne Berührung des Balls durch einen anderen Spieler, ins Tor geschossen werden. Er zählt als Treffer, wenn der Ball die gegnerische Torlinie überschritten hat. Freistöße können aus verschiedenen Positionen und Entfernungen aufs Tor oder in den torgefährlichen Raum geschossen werden.

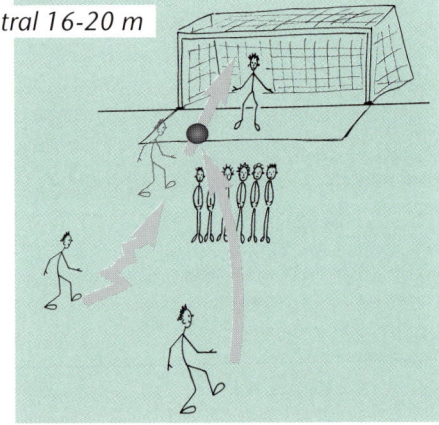

Zentral 16-20 m

Mit scharfem Schuss oder Heber erzielst du direkt ein Tor.

Ein Spieler deiner Mannschaft kann sich auch in die Mauer stellen und sich im rechten Moment bücken, um den Ball durchzulassen.

Oder du hebst den Ball gefühlvoll über die Mauer. Im gleichen Moment läuft dein Mitspieler hinter die Mauer, übernimmt den Ball und schießt ins Tor.

Freistöße gibt es auch linksseitig und rechtsseitig vom Strafraum, von den Flügelpositionen oder aus dem Mittelfeld.

Der indirekte Freistoß

Der indirekte Freistoß kann vom Schützen nur indirekt, also mit Berührung des Balls durch einen anderen Spieler, ins Tor geschossen werden. Er zählt nur als Treffer, wenn der Ball nach dieser Berührung die gegnerische Torlinie überschritten hat.

Solche Berührungen können sein:
- Kurze Ablage zu einem anderen Mitspieler, der aufs Tor schießt
- Pass zu einem freistehenden oder sich freilaufenden Mitspieler, der dann direkt verwandeln kann
- Langer Flugball in den Strafraum und von dort Kopfstoß oder Torschuss
- Bewusster scharfer, direkter Freistoß mit dem Spekulieren auf gegnerische oder eigene Abfälschung des Balls ins Tor (wenn keiner einen solchen Schuss berührt, kann der Torwart den Ball in aller Ruhe durchlassen, der Treffer darf nicht zählen!)

Drei Spieler stehen zum Freistoß bereit. Zwei Spieler laufen los, täuschen an, den Ball zu treten, laufen aber am Ball vorbei. Der dritte Spieler tritt den Freistoß und passt ihn zu einem der beiden Spieler. Dieser zielt auf das Tor.

Hier kannst du eine weitere Variante einzeichnen!

Weitere Freistoßvarianten

Heber über eine Mauer zu einem nicht im Abseits befindlichen Mitspieler, der sich dorthin (in den Rücken der Abwehrmauer) „gemogelt" hat und dann nur noch gegen den Torwart vollenden muss.

Zwei Freistoßschützen stehen bereit. Ein Mitspieler steht links neben der Mauer. Spieler A läuft vom Freistoßpunkt plötzlich nach rechts, die Aufmerksamkeit der Abwehrspieler richtet sich auf diesen Spieler und diese Seite. Spieler B passt gleichzeitig zu C links neben der Mauer. Dieser kann den Ball entweder mitnehmen und selbst schießen oder als Doppelpass auf A oder B spielen, da beide nach dem Freistoß nach rechts in den Rücken der Mauer gelaufen sind.

Voraussetzung sind genaue Pässe und schnelles Spielen und Handeln der drei Beteiligten. Ihr solltet das vorher im Training oft und genau üben, ja, besser noch einstudieren und euch im Spiel über die Aufgaben jedes Einzelnen abstimmen.

Der Eckstoß

Nicht umsonst zählen Fußballreporter neben dem Torverhältnis auch das Eckenverhältnis. Das sagt zwar nichts über das Endergebnis aus, zeigt uns aber, welche die torgefährlichere Mannschaft sein kann. Außerdem ist ein Eckstoß immer eine super Torchance. Man sagt ja auch, es wurde eine „Ecke herausgeholt".

Nun liegt es aber an den Spielern, diese Torchance auch zu nutzen. Wer im Training immer wieder Standardsituationen geübt hat, ist nun im Vorteil.

Drei Eckstoßvarianten

 Lange Ecke in den Strafraum

Der Ball kommt als hoher, langer Flugball auf den langen Pfosten oder mindestens auf die Höhe des Elfmeterpunkts.

Es gibt zwei Ausführungsmöglichkeiten:

 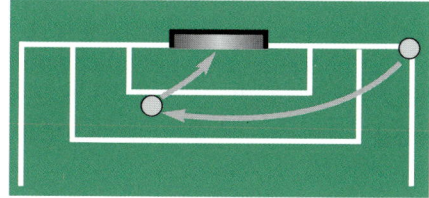

1. Vom Tor wegdrehen. Von der rechten Seite muss die Ecke dann ein Rechtsbeiner schießen, von der linken Ecke ein Linksbeiner.

2. Zum Tor hindrehen. Von der rechten Seite muss die Ecke dann ein Linksbeiner treten, von der linken Ecke ein Rechtsbeiner.

 Kurze Ecke

Der Ball wird in den Rückraum als Ablage für einen Spieler gegeben. Dieser läuft von hinten aus dem Mittelfeld heran und spielt diese Ecke dann, je nach gegnerischer Abwehraktion, als Flanke, halbhohe Eingabe oder Rückpass in den torgefährlichen Raum.

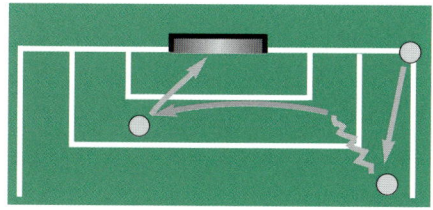 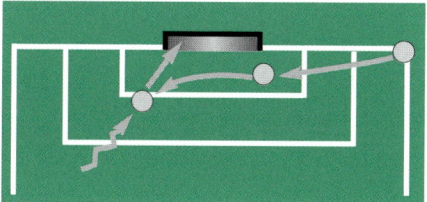

 Kurze Ecke entlang der Grundlinie

Der Ball wird hoch auf den kurzen (der Ecke nahen) Pfosten gespielt. Dort wartet schon ein Spieler, der mit dem Kopf nach hinten auf den langen Pfosten verlängert. Dort wird von einem weiteren Mitspieler per Kopf oder Fuß aufs Tor geschossen.

Der Einwurf

Diese Ballbeförderung mit der Hand im Fußball ist das Überbleibsel aus den Anfängen der Geschichte, wo es noch eine Mischung aus Hand- und Fußball gab (Rugby).

Wann gibt es Einwurf?

Wenn der Ball über die Seitenauslinie gespielt wird, bekommt die andere Mannschaft an der Stelle Einwurf, an der der Ball die Linie passiert hat.

Dabei darf der Ball von Feldspielern mit der Hand gespielt werden. Der Spieler muss außerhalb des Feldes an der Seitenlinie stehen und darf diese nicht übertreten. Der Ball wird zum Ausholen mit beiden Händen über den Kopf geführt und auch mit beiden Händen geworfen. Dabei stehst du mit beiden Beinen am Boden.

Alles andere ist falscher Einwurf und wird vom Schiedsrichter geahndet. Manche Spieler versuchen, den Einwurf an einer anderen Stelle in Richtung gegnerische Hälfte auszuführen, zum „Meterschinden". Erlaubt ist aber ein Anlauf beim Einwerfen, der aber an der Linie abzustoppen ist.

Hey, Willi! Soll das vielleicht ein Einwurf sein? Willst wohl Murmeln spielen?

Taktische Tipps und Hinweise zum Einwurf

⚽ Wirf deinem Mitspieler den Ball in den Lauf, sodass dieser den Ball sofort weiterspielen kann.

⚽ Wirf den Ball nicht auf den Körper, damit kann niemand etwas anfangen.

⚽ Wer weit werfen kann, sollte den Ball in Tornähe weit und scharf wie eine Flanke in den Strafraum „katapultieren" (mit Anlauf, großer Ausholbewegung, Bogenspannung).

⚽ Kommt ein Einwurf hoch auf dich zugesprungen oder angeflogen, schiebe deinen Körper zwischen Ball und Gegner, schirme ihn ab, kontrolliere ihn mit dem Oberschenkel oder der Brust und bringe ihn schnell zur Ruhe am Boden, sodass du ihn mit den Füßen weiterspielen kannst.

⚽ Wirf den Einwurf nicht an der Linie entlang, dort wartet meist der Gegner und freut sich über den geschenkten Ball. Besser ist es, den Ball ins Feld zu einem Mitspieler zu werfen, der dann damit etwas anfangen kann und ihn nicht gleich wieder verliert oder ins Aus spielt.

⚽ Achtung: Der Einwurf hebt das Abseits auf, ein Mitspieler ist also beim Einwurf nicht im Abseits und so kann man den Gegner mit einem schnellen Einwurf überraschen.

Schau dir die linke Seite an. Was macht Willi beim Einwurf falsch? Was entscheidet der Schiri bei falschem Einwurf?

Im Spiel musst du immer den Überblick behalten. Dazu gehört auch, dass du blitzschnell die Spielsituation einschätzt und dann die richtige Entscheidung für deine Handlungen triffst. Mit Blicken oder Zurufen verständigen sich die Spieler untereinander. Viele Situationen wurden im Training geübt und jeder weiß, was er zu tun hat.

Das kann man neben dem Training auf dem Platz auch in der Theorie vor dem Spiel mit Skizzen üben.

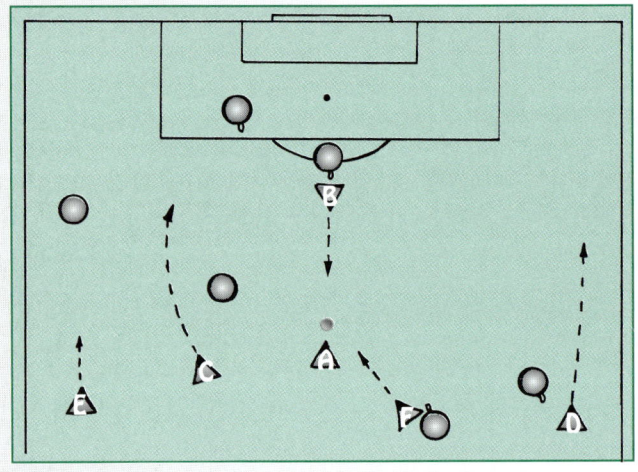

1 Anbieten
(Zulaufen)

2 Anbieten
(Zurückspringen)

3 Weglaufen

4 Überlaufen

5 Mitlaufen

❶ Spieler A ist im Ballbesitz. Welche Möglichkeiten des Freilaufens haben seine Mitspieler B, C, D, E und F? Schreibe die entsprechenden Ziffern an die Strichellinien.

❷ Wie könnte der ballbesitzende Spieler seine sich freilaufenden Mitspieler anspielen? Zeichne die Pfeile für die Zuspielrichtung in die Skizze.

❸ Welche Grundregeln für das Freilaufen kannst du aufschreiben? Als Hilfe haben wir dir Fragen aufgeschrieben.

Warum solltest du dich freilaufen?

....

Wann solltest du dich freilaufen?

....

Wie solltest du dich freilaufen?

....

Wohin solltet du dich freilaufen?

....

Du bist der Spieler, der in der Skizze als Dreieck dargestellt ist. Zeichne ein, wie du nach einem Dribbling erfolgreich mit einem Torschuss abschließen könntest.

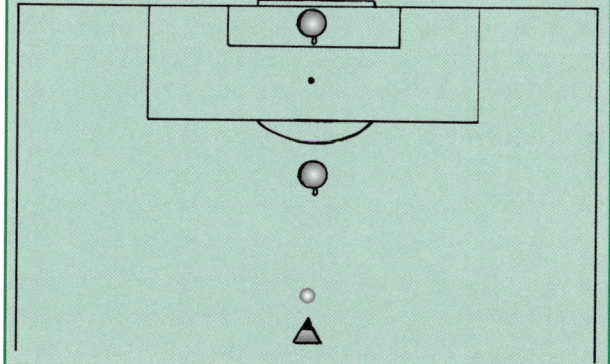

Hast du dir auch schon einmal überlegt, was der Schiedsrichter macht, wenn etwas ganz Ungewöhnliches während des Spiels passiert?

Auf den nächsten Seiten stehen solche Zwischenfälle. Kreuze die nach deiner Meinung richtige Antwort an!

Was ist, wenn ... ?

1 Was ist, wenn ein Zuschauer aufs Spielfeld läuft und ein Tor schießt?

A Das Tor zählt.

B Das Tor zählt nicht. Der Schiedsrichter unterbricht das Spiel und setzt es mit Schiedsrichterball fort.

C Das Tor zählt nicht, da der Zuschauer kein Trikot der Mannschaft anhatte, für die er das Tor geschossen hat.

2 Was ist, wenn ein Hund aufs Spielfeld läuft und den Ball zerbeißt?

A Der Ball wird provisorisch geflickt und der Hund samt Besitzer an die Kette gelegt.

B Das Spiel wird vom Schiri abgepfiffen. Der aktuelle Spielstand wird zum Endergebnis.

C Der Schiedsrichter unterbricht das Spiel und setzt es mit einem Ersatzball als Schiedsrichterball fort.

3 Was ist, wenn ein Einwurf ins gegnerische Tor geht?

A Das Tor zählt.

B Das Tor zählt nur, wenn der Einwurf in der Luft die Torlinie überquert.

C Das Tor zählt nicht, weil man mit der Hand kein Tor erzielen darf. Das Spiel wird mit Abstoß fortgesetzt.

4 Was ist, wenn ein Strafstoßtor vom gleichen Schützen erst im Nachschuss erzielt wird?

A Das Tor zählt nur, wenn der Ball vorher vom Torwart abgewehrt wurde.

B Das Tor zählt nicht, weil der Schütze den Ball 2 x gespielt hat.

C Das Tor zählt nur dann, wenn der Ball vorher an den Pfosten ging.

 Was ist, wenn ein Freistoß vom gleichen Schützen hintereinander ein zweites Mal gespielt wird?

A Das darf er. Wenn er daraus ein Tor erzielt, zählt das.

B Das ist nicht erlaubt. Ein ruhender Ball darf nicht 2 x hintereinander vom gleichen Spieler gespielt werden.

C Das darf er, aber nur, wenn er dadurch kein Tor erzielt.

 Was ist, wenn ein Strafstoß von zwei Schützen ausgeführt wird?

A Das ist nur möglich, wenn sich beide die Beine (einer rechts, einer links) mit einem Gürtel in Kniehöhe zusammenbinden.

B Das ist nicht möglich, weil nur ein Schütze zugelassen ist.

C Das ist möglich, wenn der erste Schütze den Ball nach vorn in den Strafraum spielt und der zweite Schütze nach Einhaltung des erforderlichen Abstandes in den Strafraum läuft und schießt.

 Was ist, wenn ein Eckstoß vom Schützen direkt verwandelt wird?

A Das ist möglich und ein gültiger Treffer.

B Das ist nicht möglich, weil man aus einer Ecke kein direktes Tor erzielen darf.

C Das ist nur möglich, wenn der Eckstoßschütze vorher dem Schiri Bescheid sagt und sein Tor laut ankündigt.

Was ist, wenn ein Spieler mit zwei verschiedenfarbigen Schuhen spielt?

A Das ist nicht möglich, weil der Gegner die Farben verwechseln könnte und den Ball in seiner Verunsicherung immer zu diesem Spieler spielt.

B Das ist nur möglich, wenn er vorher beide Schuhfirmen informiert und um Erlaubnis gebeten hat.

C Das ist erlaubt und dem modischen Geschmack des Spielers überlassen.

Na, Jungs, seid ihr bereit für das Spiel?

·················10 RUNDHERUM GESUND

Wer glaubt, hartes und schweißtreibendes Training mehrmals in der Woche ist allein ausreichend für sportlichen Erfolg, wird wahrscheinlich bald eines Besseren belehrt. Neben dem fordernden Training sind Erholungsphasen sehr wichtig, ausreichender Schlaf, gesunde Ernährung, Körperhygiene, Ordnung und vieles mehr.

Du solltest deine innere Uhr erkennen und auf sie hören lernen. Sie sagt dir, wann du besonders leistungsfähig bist oder dringend eine Erholung brauchst und entspannen solltest. Ein guter Fußballer spürt zum Beispiel auch, wann er energiereiche Nahrung zu sich nehmen muss, um leistungsfähig und konzentriert zu bleiben.

In diesem Kapitel haben wir dazu einige interessante Informationen zusammengestellt. Nimm dies als Anregung, dich mit dem eigenen Körper, der inneren Uhr sowie gesunder Ernährung zu beschäftigen.
Viel Spaß!

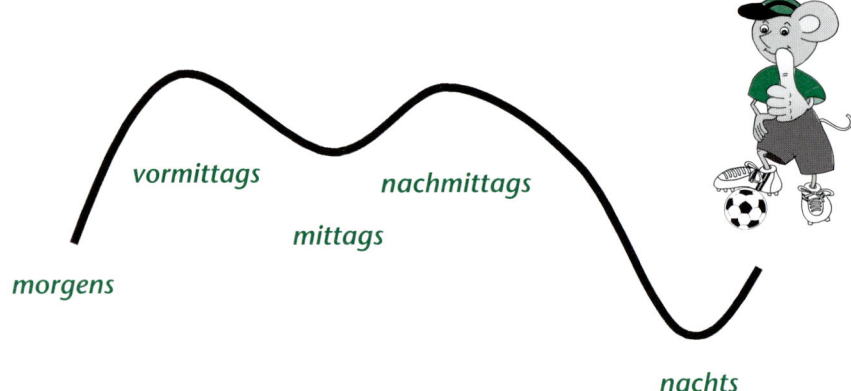

vormittags

nachmittags

mittags

morgens

nachts

Unsere Leistungsfähigkeit

Im Verlaufe eines Tages erlebt unsere Leistungsfähigkeit Höhen und Tiefen, wie du an der Kurve erkennen kannst. Dies ist bei allen Menschen ähnlich und wir haben unser Leben darauf eingestellt. Der hauptsächliche Schulunterricht findet vormittags statt, zur Mittagsruhe gönnen sich manche sogar ein Schläfchen, nachmittags können wir wieder durchstarten, und nachts bekommt unser Körper den wohlverdienten Schlaf. Wer diesen Rhythmus beachtet, lebt gesund und ist leistungsfähig. Du spürst, wenn du dich nicht genug ausruhst und ausreichend schläfst und es wäre schade, „Hochs" nicht zu nutzen.

Iss und trink dich fit!

Sportler, die vor dem Training oder dem Wettkampf zu viel oder auch das Falsche essen und trinken, sind nicht leistungsfähig. Sie fühlen sich voll gestopft, wirken müde und schlapp. Bei vielen Körperfunktionen wird gespart, weil der Magen auf Hochtouren arbeitet. Aber essen und vor allem trinken müssen wir, um dem Körper die verbrauchte Energie zuzuführen und den Flüssigkeitsverlust, der durch das Schwitzen eintritt, auszugleichen. Bei langem Training und Wettkämpfen ist das auch zwischendurch notwendig.

Entnimm den Übersichten, was sich für deine Hauptmahlzeiten, die Zwischenmahlzeiten und den Energieschub zwischendurch eignet und was nicht. Wähle deine Speisen und Getränke sowie den Zeitpunkt der Nahrungsaufnahme so, dass du in Training und Wettkampf ausreichend versorgt bist, aber nicht nebenbei auch noch verdauen musst.

Wie lange Speisen im Magen bleiben, bis sie verdaut sind:

Ca. eine Stunde:	*Wasser, Tee, Brühe.*
Ca. 2-3 Stunden:	*Kakao, Banane, Apfel, Brötchen, Reis, gekochter Fisch, weiches Ei, Vollkornbrot, Kuchen, Butterbrot, Müsli, Gemüse.*
Ca. 4-5 Stunden:	*Wurst, Fleisch, Bratkartoffeln, Pommes frites, Bohnen oder Erbsen.*
Ca. 6-7 Stunden:	*Sahnetorte, Pilze, Fisch in Öl, fetter Braten.*

Wer schwitzt, muss viel trinken

Um deinen Schweißverlust auszugleichen, musst du zum Training und Wettkampf ausreichend Flüssigkeit zu dir nehmen. Ansonsten sinkt die Leistungsfähigkeit, das Blut wird dick, kann weniger Sauerstoff aufnehmen und es kommt zu Muskelkrämpfen.

⚽ Geeignete Getränke vor und während der Belastung
Mineralwasser, Fruchtsaftschorle in einer Konzentration von ca. 1:3, leicht gesüßte Getränke.

⚽ Geeignete Getränke nach der Belastung
Fruchtsaftschorle jetzt mit höherem Fruchsaftanteil, Milchmixgetränke, Getränke mit höherem Zuckergehalt.

Diese Nahrungspyramide zeigt, welche Nahrungsmittel du in großen Mengen (unten) und welche lieber sehr selten (oben) verzehren solltest.

Für jede Nahrungs-gruppe werden Beispiele genannt.

Torte, Praline, Schokolade, Bonbon

Milch, Käse, Joghurt, Wurst, Fleisch, Eier, Bohnen, Erbsen, Nüsse

Banane, Apfel, Orange, Kiwi, Karotte, Toma-te, Salat, Brokkoli, Gurke, Paprika

Brot, Kartoffel, Reis, Nudeln, Müsli, Cornflakes

Mineralwasser, Fruchtsaftschorle, Tee

W	P	Ö	K	A	R	T	O	F	F	E	L	A	B	I
Z	U	C	H	I	N	I	K	A	M	F	O	R	S	V
X	C	M	F	L	Ä	J	C	H	I	C	O	R	E	E
T	W	Q	V	Ä	E	I	G	U	R	K	E	A	G	Ü
E	B	E	P	G	E	F	L	A	K	G	B	F	J	W
T	X	N	N	U	L	E	P	O	K	R	C	A	O	D
A	N	A	N	A	S	M	L	A	S	A	L	A	T	V
M	R	N	E	A	K	I	R	P	A	P	I	Ä	L	T
O	C	A	V	M	P	R	L	S	M	E	W	J	F	A
T	S	B	I	R	N	E	P	G	O	F	H	D	K	N
K	A	R	O	T	T	E	Z	I	T	R	O	N	E	I
F	S	A	W	E	I	N	T	R	A	U	B	E	N	P
R	S	I	B	R	Ü	K	L	C	L	I	Z	A	I	S
R	E	R	E	E	B	D	R	E	Z	T	P	F	K	Ö

Finde 16 Obst- und Gemüsesorten, waagerecht, senkrecht oder diagonal!

11 AUFLÖSUNGEN

S. 12 Real Madrid (Spanien), AC Mailand (Italien),
Ajax Amsterdam (Niederlande), Manchester United (England),
FC Bayern München (Deutschland)

S. 17 Das sind für uns die erfolgreichsten Fußballländer der Welt:
Brasilien (5 x WM, 7 x Copa America), Deutschland (3 x WM, 3 x EM),
Italien (3 x WM, 1 x EM), Argentinien (2 x WM, 14 x Copa America),
Frankreich (1 x WM, 2 x EM).

S. 29 1. Du sagst ihm, dass dein Innen-
spannstoß noch nicht klappt und
du ihn erst einmal üben musst.
2. Sag ihm, dass du das
schon kannst und lieber etwas
Schwierigeres üben willst.

E	I	S	S	C	H	N	E	I	I	I	A	U	E	G	D
S	U	D	H	A	C	H	W	I	M	M	E	N	I	I	G
A	E	E	R	P	Ä	Z	U	H	T	F	N	N	I	I	A
Q	U	D	V	Y	E	W	G	U	V	B	Q	W	D	K	O
S	E	H	I	P	W	U	Z	E	T	R	O	M	Ü	U	L
X	N	U	T	R	V	E	Q	N	W	D	G	A	J	N	V
C	T	R	O	P	S	D	A	R	U	D	E	I	N	S	S
A	H	I	O	P	R	E	S	A	F	G	Z	A	V	I	A
A	R	E	A	H	R	T	S	I	A	U	E	T	L	I	F
N	D	F	U	H	B	E	R	T	I	I	Ä	H	K	A	X
A	S	E	R	I	O	Ü	L	J	A	G	D	O	W	U	O
Q	G	N	I	T	A	K	S	E	I	I	I	M	I	I	Ä
E	K	I	I	A	N	G	I	A	L	F	C	L	Ü	K	J
E	U	A	L	N	E	K	C	E	R	T	S	C	N	A	E

S. 65 Natürlich können im Spiel
nur die Mittel eingesetzt werden, die regelgerecht sind.
Was die Figur erzählt, ist
Quatsch!

S. 70

S. 86 Selbstbewusstsein – Spaß am Spielen – ~~Selbstzweifel~~ – ~~blinde Wut~~ –
Risikobereitschaft – Lockerheit – ~~Angst, einen Fehler zu machen~~ – Ehrgeiz
– Siegeswille – Vertrauen in die eigene Leistung – ~~Pessimismus~~ –
~~schlechte Laune~~ – sich gut in Form fühlen – Konzentrationsfähigkeit

S. 92/93 *12-15 Punkte*

Mit deiner Einstellung zum Sport kannst du es weit bringen. Du hast Spaß am
Spiel, bist fair und kannst dich auch mal selbst überwinden. Mach weiter so!
8-11 Punkte
Du hast eine ganz gute Einstellung zum Sport, fährst aber manchmal nur im
ersten Gang. Mit mehr Spaß und Siegeswillen könntest du erfolgreicher spielen!

5-7 Punkte

Du musst noch etwas an deiner Einstellung in Bezug auf Fairness und Kameradschaftlichkeit arbeiten. Nimm das Training und die Spiele ernst, sei fair zu den anderen und hab Spaß am Spielen!

S. 130 Selbstverständlich ist es erlaubt, den Gegner vom Ball abzulenken. Ausgetrickst mit Worten und Gesten! Pech gehabt!

S. 137 Ein richtiger Einwurf erfolgt mit beiden Armen über dem Kopf. Der Schiri entscheidet auf Einwurf an der gleichen Stelle für den Gegner. (Bei ganz jungen Fußballern, die noch nicht so lange Arme haben, kann auch vor dem Spiel ein einfacherer Einwurf verabredet werden!)

S. 138/139 Lösungen für *Aufgabe 1 und 2* in der Skizze.

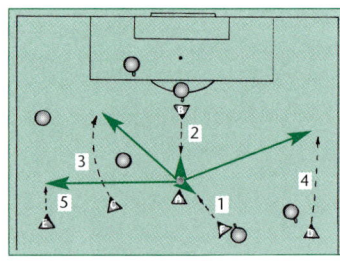

Aufgabe 3
- So werden Abspielmöglichkeiten für Mitspieler geschaffen (Dreiecksbildung)
- Den Abspielmoment bestimmt der sich freilaufende Mitspieler
- Hin zum Ball – nicht im Rücken des Mitspielers und nicht nach vorn weg
- In den Raum oder zum Ballbesitzer

S. 139   **S. 146**

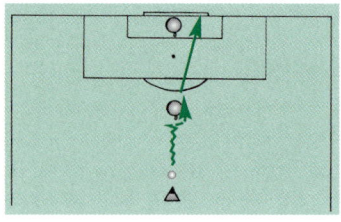

W	P	Ö	K	A	R	T	O	F	F	E	L	A	B	I
Z	U	C	H	I	N	I	K	A	M	F	O	R	S	V
X	C	M	F	L	Ä	J	C	H	I	C	Ö	R	E	E
T	W	Q	V	Ä	E	I	G	U	R	K	E	A	G	Ü
E	B	B	P	G	E	F	L	A	K	G	B	F	J	W
T	X	N	N	U	L	E	P	Ø	K	R	C	A	O	D
A	N	A	N	A	S	M	L	A	S	A	L	A	T	V
M	R	N	E	A	K	V	R	P	A	I	Ä	L	T	J
O	C	A	V	M	P	R	L	S	M	E	W	J	F	A
T	S	B	I	R	N	E	P	G	O	R	H	D	K	N
K	A	R	O	T	T	E	Z	I	T	R	O	N	E	I
F	S	A	W	E	I	N	T	R	A	U	B	E	N	F
R	S	I	B	R	Ü	K	L	C	L	I	Z	A	I	S
R	E	R	E	E	B	D	R	E	Z	T	P	F	K	Ö

S. 140/141

     1 – B, 2 – C, 3 – C, 4 – A, 5 – B, 6 – C, 7 – A, 8 – C

12 AUF EIN WORT

Liebe Fußballereltern!

Vom Fußballspiel begeistert zu sein, geht schnell. Fußball ist die beliebteste Sportart bei uns. Auch Ihr Kind hat sich dafür entschieden und mit dem Üben begonnen. Nun möchte es aber dabeibleiben, im Verein ernsthaft trainieren und zu einer Mannschaft gehören. Wissen Sie, warum das so ist? Fragen Sie Ihr Kind danach oder lassen Sie sich die im Buch enthaltene Seite mit den Motiven zeigen. Eines sollten Sie voraussetzen: Wer im Fußball trainiert, will erfolgreich sein, Tore schießen und mit seiner Mannschaft gewinnen.

Das vorliegende Trainingsbuch richtet sich an junge Kicker in den ersten Trainingsjahren. Es gibt ihnen viele Informationen über ihren Sport, über Technik, Taktik und wie richtig trainiert wird. Die Jugendlichen werden lernen, die eigenen Möglichkeiten besser zu erkennen und mit dem eigenen Körper bewusster umzugehen. Damit wird nicht nur effektiveres Training unterstützt, sondern mögliche Unter- oder Überforderung verhindert.

Die Grundausbildung und das Nachwuchstraining ist für alle Spieler gleich, unabhängig, ob sie später im Freizeitsport bleiben oder zu erfolgreichen Klubs mit der Zielstellung „Profispieler" wechseln. Für alle gibt das Buch eine gute Orientierung und Unterstützung beim erfolgreichen Training.

Alle Eltern, Geschwister, Großeltern und Freunde erhalten wichtige Informationen. Nutzen Sie das Buch gemeinsam mit Ihren Kindern als Trainingsbegleiter, Arbeitsbuch und Nachschlagewerk. Sicher wird auch manchmal Ihre Hilfe gebraucht beim Anlegen von Leistungsdiagrammen oder bei persönlichen Aufzeichnungen.

Freuen Sie sich gemeinsam mit dem jungen Fußballer über Tore und erfolgreiche Spiele. Die Kinder brauchen unseren Beifall, das Lob und die Anerkennung. Zeigen Sie Verständnis, wenn es mal nicht so klappt. Nicht jeder hat die Voraussetzungen für einen Weltklassefußballer.

Das Fußballspiel macht vor allem Spaß, fördert soziale Kontakte, entwickelt Ehrgeiz und Durchsetzungsvermögen. Im gemeinsamen Training und Spiel lernen die Kinder und Jugendlichen, sich selbst zu überwinden sowie mit Erfolg und Misserfolg umzugehen. Charaktereigenschaften wie Fairness, Zuverlässigkeit, Pünktlichkeit, Ordnung, Durchhaltevermögen, Risikobereitschaft, Mut und Teamgeist werden ausgebildet und sind auch in allen anderen Bereichen des Lebens von Nutzen.

Lieber Trainer, liebe Trainerin!

Gutes Nachwuchstraining richtet sich auf die gesamte Persönlichkeitsentwicklung der Kinder und Jugendlichen. Es begreift sich als Lerntätigkeit, weil es die Steuerungs- und Selbststeuerungsprozesse fördert. Es wirkt sozialisierend, weil vor allem Gruppentraining gesellschaftliche Normen, Regeln und Verhaltensmuster übt. Kinder- und Jugendtraining ist erlebniswirksam und beachtet Stimmungen, Empfindungen und Gefühle.

Es sichert positive Erlebnisse, entwickelt Bedürfnisse und Wünsche, verläuft in herzlicher, liebevoller und aufgeschlossener Atmosphäre. Die jungen Fußballer sind dabei Ihre Partner – vorausgesetzt, sie werden in den Trainingsprozess aktiv einbezogen und erhalten genügend Handlungsfreiräume. Betrachten Sie deshalb die jungen Kicker nicht als Empfänger Ihrer Anweisungen, sondern als Partner im gemeinsamen Trainingsprozess. Sagen Sie ihnen, warum, wann, welche Übung für sie notwendig ist und welches Belastungsmaß bei welchen Trainingsteilen besonders günstig ist.

Wir wollen hiermit den Kindern ein trainingsbegleitendes Arbeitsbuch in die Hand geben. Sie können Gelerntes nachlesen, sowie Zielsetzungen, Motive und die persönliche Leistungsentwicklung eintragen.

Natürlich kann kein Buch die jahrelange Erfahrung der Trainer ersetzen. Auch gehen manchmal die Meinungen von Trainern, Sportwissenschaftlern und „Bücherschreibern" auseinander. Verstehen Sie dieses Fußballbuch als Ergänzung zu Ihrem Training und als Hilfe für die Beschäftigung mit der Sportart über das gemeinsame Training hinaus.

Ein guter Nachwuchstrainer denkt ständig darüber nach, wie er durch das Fußballtraining nicht nur Techniken lehrt oder Kondition entwickelt, sondern, wie er die Kinder und Jugendlichen aktiv in den Übungs- und Trainingsprozess einbeziehen kann, um neben einer qualitativen Verbesserung der Übungsstunden auch bewusster die Persönlichkeitsentwicklung seiner Fußballer unterstützen zu können.

Wir wünschen weiterhin viel Spaß und Erfolg mit Ihren jungen Kickern.

·······················LITERATURHINWEISE

Barth, K. & Zempel, U. (2002). Ich lerne Fußball. Aachen.

Bausenweis, Ch. (2002). Fußballbuch. Nürnberg.

Deutscher Fußball-Bund. (1999). Talente fordern und fördern – Lernkonzeption für das Stützpunkttraining. Münster.

Deutscher Sport-Bund. (1998). richtig fit – eat to win. Frankfurt am Main.

Jäger, K. & Oelschlägel, G. (1974). Kleine Trainingslehre. Berlin.

Kunath, P. & Schellenberger, H. (1991) Tätigkeitsorientierte Sportpsychologie. Frankfurt am Main/Thun.

Rogalski, N. & Degel, E.-G. (1982) Fußball. Berlin.

Bildnachweis:

Titelgestaltung: Birgit Engelen, Stolberg
Zeichnungen: Katrin Barth
Titelfoto: ASA Fotoagentur, Germering
Fotos (Innenteil): Rauchensteiner, Kerstin Dischereit, TV Rheinbeck,
 Erich Rutemöller, Gerd Schumacher, Regina Weitz